A GRAVIDADE E A GRAÇA

Título original: *La Pesanteur et la Grâce*
copyright © Editora Lafonte Ltda. 2023

Todos os direitos reservados.
Nenhuma parte deste livro pode ser reproduzida por quaisquer meios existentes sem autorização por escrito dos editores.

Direção Editorial *Ethel Santaella*

REALIZAÇÃO

GrandeUrsa Comunicação

Direção *Denise Gianoglio*
Tradução *Otavio Albano*
Revisão *Luciana Maria Sanches*
Capa, Projeto Gráfico e Diagramação *Idée Arte e Comunicação*

```
Dados Internacionais de Catalogação na Publicação (CIP)
         (Câmara Brasileira do Livro, SP, Brasil)

  Weil, Simone, 1909-1943
     A gravidade e a graça / Simone Weil ; [tradução
  Otavio Albano]. -- 1. ed. -- São Paulo : Lafonte,
  2023.

     Título original: La pesanteur et la grâce
     ISBN 978-65-5870-393-8

     1. Filosofia francesa I. Título.

  23-159491                                    CDD-194
```

Índices para catálogo sistemático:

1. Filosofia francesa   194

Aline Graziele Benitez - Bibliotecária - CRB-1/3129

Editora Lafonte
Av. Profª Ida Kolb, 551, Casa Verde, CEP 02518-000, São Paulo-SP, Brasil – Tel.: (+55) 11 3855-2100
Atendimento ao leitor (+55) 11 3855-2216 / 11 3855-2213 – atendimento@editoralafonte.com.br
Venda de livros avulsos (+55) 11 3855-2216 – vendas@editoralafonte.com.br
Venda de livros no atacado (+55) 11 3855-2275 – atacado@escala.com.br

SIMONE WEIL

A GRAVIDADE E A GRAÇA

Tradução
Otavio Albano

Brasil, 2023

Lafonte

SUMÁRIO

7	PREFÁCIO
30	A GRAVIDADE E A GRAÇA
34	VAZIO E COMPENSAÇÃO
39	ACEITAR O VAZIO
41	DESAPEGO
45	A IMAGINAÇÃO SACIADA
48	RENÚNCIA DO TEMPO
50	DESEJAR SEM OBJETO
53	O EU
59	DESCRIAÇÃO
66	APAGAMENTO
69	A NECESSIDADE E A OBEDIÊNCIA
76	ILUSÕES
84	IDOLATRIA
86	AMOR
92	O MAL
102	O INFORTÚNIO
107	A VIOLÊNCIA
109	A CRUZ
114	A BALANÇA E A ALAVANCA

116 .... O IMPOSSÍVEL
119 .... CONTRADIÇÃO
124 .... A DISTÂNCIA ENTRE O NECESSÁRIO E O BEM
127 .... ACASO
129 .... AQUELE A QUEM DEVEMOS AMAR ESTÁ AUSENTE
133 .... O ATEÍSMO PURIFICADOR
135 .... A ATENÇÃO E A VONTADE
141 .... ADESTRAMENTO
145 .... A INTELIGÊNCIA E A GRAÇA
150 .... LEITURAS
153 .... O ANEL DE GIGES
156 .... O SENTIDO DO UNIVERSO
161 .... METAXIA
164 .... BELEZA
168 .... ÁLGEBRA
170 .... A CARTA SOCIAL
173 .... O GRANDE ANIMAL
178 .... ISRAEL
182 ....A HARMONIA SOCIAL
188 .... A MÍSTICA DO TRABALHO

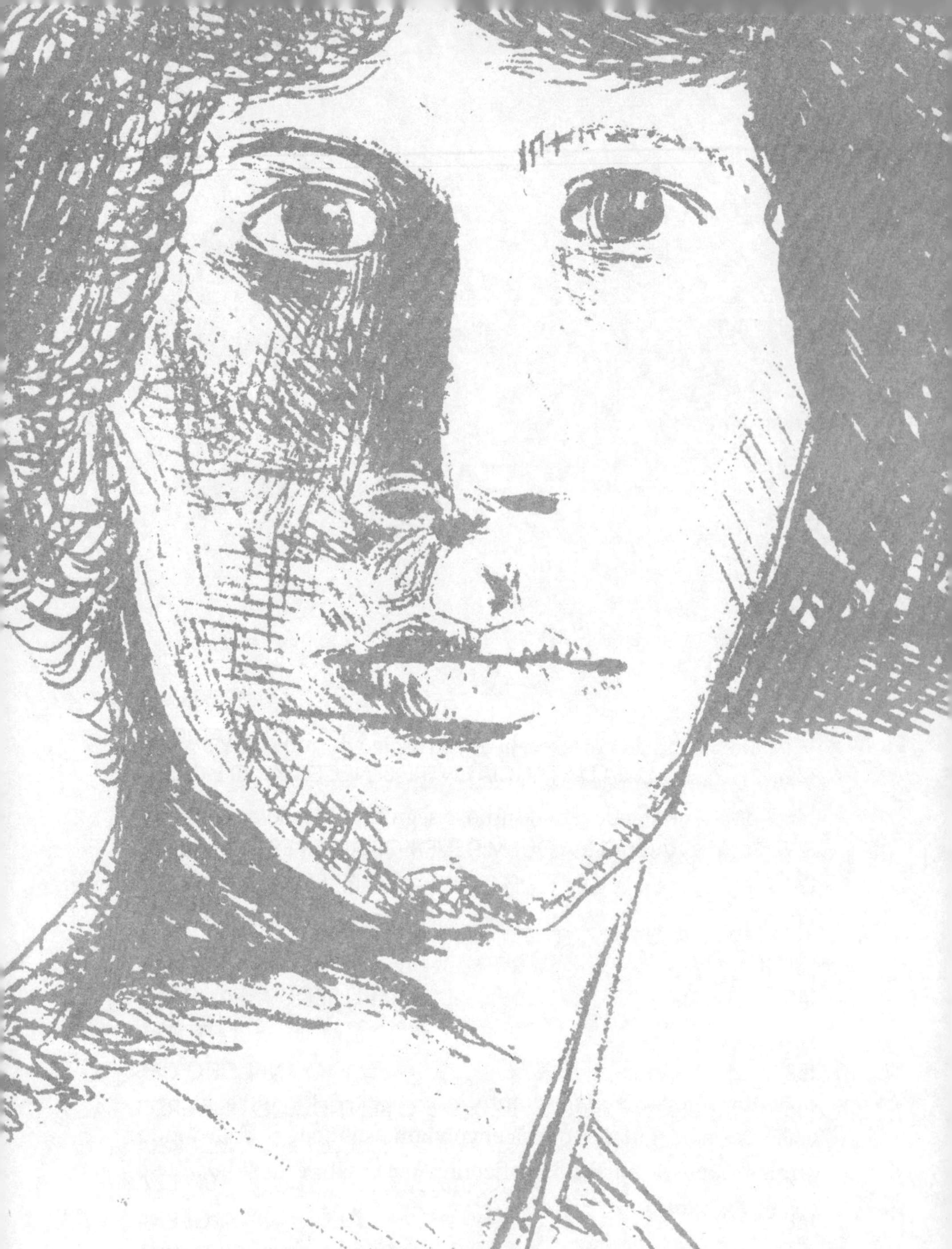

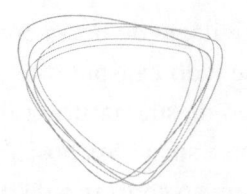

PREFÁCIO

Em junho de 1941, recebi de um amigo dominicano, o padre Perrin, então residente em Marselha, uma carta — que não cheguei a guardar — contendo, em resumo, o seguinte: "Acabo de conhecer uma jovem judia, professora na faculdade de filosofia e militante da extrema esquerda que, excluída da universidade pelas leis raciais, gostaria de trabalhar por um tempo no campo, como agricultora. Tal experimento precisaria, na minha opinião, ser controlado, e eu ficaria feliz se pudesse levar essa jovem para casa". Minha primeira reação foi, de determinada maneira, negativa. Depois, a vontade de considerar o pedido de um amigo e não rejeitar uma alma que o destino colocou no meu caminho, certa aura de simpatia — em razão das perseguições que já envolviam os judeus — e, de modo geral, um quê de curiosidade fizeram-me então reconsiderar esse primeiro instinto.

Alguns dias depois, Simone Weil chegou à minha casa. Nossos primeiros contatos foram cordiais, mas difíceis. Concretamente, não concordávamos em quase nada. Ela falava sem parar, com uma voz rígida e monótona, e eu estava literalmente exausto dessas conversas que não chegavam a lugar nenhum. Então, armei-me de toda a paciência e cortesia, a fim de suportar a presença dela. E foi assim, graças ao privilégio de nossa convivência, que percebi gradualmente que esse lado exasperante de sua personalidade, longe de ser a expressão de sua natureza mais profunda, apenas exprimia seu eu externo e social. As posições respectivas do ser e do parecer se inverteram: ao contrário da maioria das pessoas, só se tinha a ganhar quando a conhecíamos com mais intimidade; ela exteriorizava com formidável espontaneidade o lado desagradável de sua natureza, contudo, para mostrar o que havia de melhor em si precisava de muito tempo, carinho e perda de timidez. Começava então a se abrir com toda a alma ao cristianismo; dela emanava um misticismo impecável: nunca encontrei, em um ser humano, tamanha familiaridade com os mistérios religiosos; nunca os ensinamentos divinos me pareceram mais plenos de realidade do que quando em contato com ela.

Tal misticismo nada tinha em comum com as típicas especulações religiosas sem compromisso pessoal, muitas vezes o único testemunho de intelectuais voltados às coisas de Deus. Ela tinha conhecimento, reconhecia a distância desesperada entre o "saber" e o "saber com todo o seu ser", e sua vida tinha como único objetivo abolir essa distância. Eu presenciei o desenrolar cotidiano de sua existência com profundidade o bastante para ter qualquer dúvida acerca da autenticidade de sua vocação espiritual: todas as ações de Simone eram imbuídas de sua fé, do seu desprendimento, por vezes com um irrealismo desconcertante, e sempre com absoluta generosidade. Sua ascese pode parecer exagerada em nosso século de meias medidas, em que, usando a frase de Léon Bloy[1], "os cristãos galopam com moderação rumo ao martírio" — de fato, que espécie de escândalos não causariam hoje as excêntricas penitências de determinados santos da Idade Média? — seu ascetismo permanecia, no entanto, livre de qualquer exaltação sentimental, e não se percebia nenhuma discrepância entre a condição de sua mortificação e a de sua vida interior. Achando minha casa confortável demais, ela queria morar em uma velha casa de fazenda

---

1 Léon Henri Marie Bloy (1846-1917) foi um escritor francês. (N. do T.)

praticamente em ruínas que meus sogros possuem, às margens do rio Ródano. Ela vinha trabalhar todos os dias e, quando se permitia comer, fazia as refeições na casa. Frágil e doente — por toda a vida, ela havia sofrido de intoleráveis dores de cabeça, e uma pleurite, contraída alguns anos antes, a afetara duramente — ela trabalhava a terra com uma energia inabalável e, muitas vezes, contentava-se em comer algumas amoras, colhidas nos arbustos do caminho. Todos os meses, ela enviava metade de seus cupons de racionamento a presos políticos. Quanto a seus bens espirituais, ela os oferecia com ainda mais generosidade. Todas as noites, depois do trabalho, ela me explicava os grandes textos de Platão — nunca tive tempo de aprender grego o suficiente para tanto — com uma didática que tornava suas aulas tão vivas quanto uma interpretação teatral. Além disso, mostrava o mesmo ardor e o mesmo amor ao ensinar os primeiros rudimentos de aritmética a qualquer criança do vilarejo com dificuldades de aprendizado. Essa sede de provocar os intelectos a levou até mesmo a cometer equívocos engraçados. Talvez algum tipo de igualitarismo superior a levasse a tomar a própria genialidade como ponto de referência universal. Dificilmente havia uma mente que ela julgasse incapaz de receber seus ensinamentos mais elevados. Lembro-me de uma jovem trabalhadora da região de Lorraine — que ela acreditava ter certa vocação intelectual — a quem impregnou por um longo tempo de esplêndidos comentários sobre os *Upanixades*[2]. A pobre criança estava mortalmente entediada, mas, por timidez e cortesia, permanecia em silêncio...

Na intimidade, era uma companhia encantadora e espirituosa: sabia fazer piadas de bom gosto e ironizava sem qualquer malícia. Sua extraordinária erudição, tão profundamente assimilada que mal se podia distingui-la da expressão de sua vida interior, dava às conversas um charme memorável. Tinha, porém, um grave defeito — ou uma qualidade rara, conforme a maneira como o contemplávamos: recusava qualquer concessão às necessidades

---

[2] Parte das escrituras hindus, considerada pela maioria das escolas do hinduísmo como instruções religiosas. (N. do T.)

ou conveniências da vida social. Ela sempre falava o que pensava a todo mundo, em quaisquer circunstâncias.

Essa sinceridade, que vinha sobretudo de um profundo respeito pelas almas, valeu-lhe muitas desventuras, divertidas na maior parte, porém algumas beirando o trágico, em uma época em que não era conveniente gritar toda a verdade aos quatro ventos.

Não se trata aqui de fazer um balanço das fontes históricas de seu pensamento e das influências que ela possa ter sofrido. Independentemente do *Evangelho* — do qual ela se nutria diariamente — ela tinha profunda veneração pelos grandes textos hindus e taoístas, por Homero, pela tragédia grega e, sobretudo, por Platão — a quem interpretava sob uma visão fundamentalmente cristã. Ela odiava, no entanto, Aristóteles, em quem via o primeiro coveiro da grande tradição mística. Também marcaram seu espírito, em termos religiosos, São João da Cruz[3] e, em termos literários, Shakespeare, alguns poetas místicos ingleses e Racine[4]. Entre os contemporâneos, considero que a influenciaram apenas Paul Valéry[5] e Koestler, em seu *Testamento Espanhol*[6], sobre o qual ela me falava com intocável admiração. Suas preferências, assim como rejeições, eram abruptas e sem atrativos. Ela acreditava firmemente que a criação verdadeiramente genial exigia um nível mais elevado de espiritualidade, e que não era possível atingir sua expressão perfeita sem passar por severas purificações interiores. Essa preocupação com a pureza, com uma autenticidade íntima, tornava-a impiedosa para com todos os autores nos quais julgava detectar qualquer tentativa mínima de efeito, o menor elemento

---

3 São João da Cruz (1542-1591) foi um místico e sacerdote espanhol, um dos mais importantes expoentes da Contrarreforma. (N. do T.)
4 Jean-Baptiste Racine (1639-1699) foi um poeta, dramaturgo, matemático e historiador francês, apontado como um dos maiores dramaturgos clássicos da França. (N. do T.)
5 Ambroise-Paul-Toussaint-Jules Valéry (1871-1945) foi um filósofo, escritor e poeta simbolista francês. (N. do T.)
6 Livro de 1937 do jornalista, escritor e ativista político judeu húngaro Arthur Koestler (1905-1983), em que descreve suas experiências durante a Guerra Civil Espanhola. (N. do T.)

de fingimento ou insolência: Corneille[7], Hugo[8], Nietzsche[9]. Tudo o que contava para ela era o estilo perfeitamente despojado, uma tradução da nudez da alma. "O esforço da exposição", escreveu-me ela, "não diz respeito apenas à forma, e sim ao pensamento e ao ser interior como um todo. Enquanto a nudez da exposição não for alcançada, o pensamento não toca e nem sequer se aproxima da verdadeira grandeza... Escrever de maneira autêntica é escrever como quem traduz. Quando traduzimos um texto escrito em língua estrangeira, não tentamos lhe acrescentar nada, pelo contrário, há um escrúpulo religioso em nada acrescentar. É assim que se deve tentar traduzir um texto não escrito."

Depois de passar algumas semanas em minha casa, achando que era tratada com excesso de delicadeza, ela decidiu ir trabalhar em outra fazenda, para — desconhecida, em meio a estranhos — partilhar o mesmo destino de trabalhadores do campo de verdade. Fiz com que a colocassem na equipe de colheita de um grande fazendeiro do vilarejo vizinho. Ali, ela trabalhou por mais de um mês com uma constância heroica, recusando-se sempre — apesar da fragilidade e da falta de hábito — a trabalhar menos tempo do que os robustos camponeses que a rodeavam. Suas dores de cabeça eram tão fortes que, às vezes, ela tinha a impressão de estar trabalhando em um pesadelo. — Certo dia — confessou-me ela — eu me pus a perguntar se não teria morrido e caído no inferno sem perceber, e se o inferno não consistiria em colher por toda a eternidade...

Finda essa última experiência, ela voltou para Marselha, onde os pais, expulsos de Paris em decorrência da invasão, residiram temporariamente. Fui vê-la algumas vezes em seu pequeno apartamento na praia de Catalans, cuja vista mergulhava no infinito, no esplêndido horizonte do mar. Nesse meio-tempo, os pais dela

---

[7] Pierre Corneille (1606-1684) foi um dramaturgo de tragédias francês, apontado por vezes como o fundador da tragédia francesa. (N. do T.)

[8] Victor-Marie Hugo (1802-1885) foi um romancista, poeta, dramaturgo, ensaísta, artista, estadista e ativista pelos direitos humanos francês. (N. do T.)

[9] Friedrich Wilhelm Nietzsche (1844-1900) foi um filósofo, filólogo, crítico cultural, poeta e compositor prussiano do século 19, nascido no território da Alemanha atual. (N. do T.)

se preparavam para partir rumo aos Estados Unidos. O apego à infeliz pátria e a sede de compartilhar o destino dos amigos perseguidos fizeram com que ela hesitasse por muito tempo em segui-los. Ela finalmente decidiu se juntar a eles, na esperança de tornar mais fácil sua ida à Rússia ou Inglaterra. Eu a vi pela última vez no início de maio de 1942. Ela me trouxe então uma pasta cheia de documentos na estação, pedindo-me para os ler e cuidar deles durante seu exílio. Quando me despedi, disse-lhe em tom de brincadeira, para esconder minha emoção: — Adeus, neste mundo ou no outro! — Ela se torna subitamente séria e responde: — No outro a gente não se verá mais. — Ela queria dar a entender que os limites que constituem nosso "eu empírico" são abolidos na unidade da vida eterna. Eu a observei se distanciar pela rua por um momento. Não haveríamos de nos ver novamente: no tempo, os contatos duradouros são terrivelmente efêmeros.

Ao chegar em casa, examinei os manuscritos de Simone Weil: uma dezena de cadernos volumosos nos quais ela registrava seus pensamentos cotidianos, intercalados com citações em diversas línguas e anotações estritamente pessoais. Até então, eu havia lido apenas alguns versos dela e as obras sobre Homero publicadas na *Les Cahiers du Sud*[10] sob o pseudônimo anagramático de Émile Novis. Todos os textos que serão lidos posteriormente foram retirados desses cadernos. Tive tempo de escrever mais uma vez a Simone Weil para lhe descrever a emoção em que aquelas páginas me haviam mergulhado. De Orã, na Argélia, ela me enviou a seguinte carta que, apesar do caráter pessoal, permito-me citar na íntegra, pois seu conteúdo explica e justifica a publicação deste livro:

"Querido amigo, parece-me que agora chegou o momento de dizer adeus. Não me será fácil ter notícias suas com frequência. Espero que o destino poupe essa casa em Saint-Marcel, onde moram três seres que se amam. Isso é algo tão precioso. A existência humana é tão frágil e tão vulnerável que não sou capaz de amar

---

10 *Les Cahiers du Sud* ("Os cadernos do sul", em francês) foi uma revista literária francesa baseada na cidade de Marselha. Foi fundada em 1925 e publicada até 1966. (N. do T.)

sem estremecer. Nunca consegui realmente me resignar ao fato de que os outros seres humanos estejam sujeitos a todas as possibilidades de infortúnio. Essa é uma grave falha do dever de submissão à vontade de Deus.

    Você me relata ter encontrado em meus cadernos, além das coisas cujo pensamento partilhava, outras que não chegou a cogitar, mas que já esperava. Por isso, todas elas lhe pertencem, e espero que, depois de ter passado por uma transmutação em seu interior, possam sair algum dia em uma de suas obras. Pois, certamente, é muito melhor que uma ideia possa se unir ao seu destino do que ao meu. Tenho a sensação de que, aqui onde estou, meu destino não há de ser bom — não que eu espere que seja muito melhor em outro lugar, duvido muito. Não sou alguém com quem seja bom compartilhar a própria sorte. Os seres humanos sempre pressentiram, de uma maneira ou de outra; mas, não sei por que razão misteriosa, as ideias parecem ter menos discernimento. Desejo às ideias que me surgiram nada além de uma ótima forma de se estabelecer, e ficaria muito feliz se elas se alojassem sob sua pena, mudando de formato a fim de revelar sua imagem. Diminuiria um pouco minha sensação de responsabilidade, e o peso esmagador do pensamento de que sou incapaz, em virtude de meus inúmeros defeitos, de ofertar a verdade tal como se apresenta à minha pessoa, parecendo ter aceitado ser vista por mim, por um inconcebível excesso de misericórdia. Acredito que você seja capaz de apreender tudo o que lhe digo com a mesma simplicidade. Para quem ama a verdade, no processo da escrita, a mão que segura a pena e o corpo e a alma que a ela se prendem com todo o seu envoltório social são coisas da mínima importância, infinitesimais elevadas à enésima potência. Pelo menos, essa é a medida da importância que atribuo, em relação a esse ato, não só à minha pessoa, como também à sua e à de qualquer escritor que estimo. Quanto àqueles que eu de um modo ou de outro desprezo, a importância nesse domínio aumenta apenas para mim.

    A respeito desses cadernos, não sei se já lhe disse que você pode ler os trechos que quiser, a quem quiser, mas que não deve deixar nenhum deles nas mãos de ninguém... Mas se, por três ou quatro anos, não ouvir falar de mim, considere que tem propriedade absoluta sobre eles.

Digo-lhe tudo isso para partir com o espírito mais livre. Só lamento não poder lhe confiar tudo o que ainda carrego dentro de mim, e que não se desenvolveu. Mas, felizmente, o que tenho em meu íntimo ou não tem valor, ou então reside fora de mim, sob uma forma perfeita, em um lugar puro, onde não poderá sofrer nenhum ataque e de onde sempre estará apto a voltar. Portanto, nada que me diga respeito pode ter qualquer tipo de importância.

Também gosto de acreditar que, depois do leve choque da separação — aconteça o que acontecer comigo — você nunca sentirá nenhuma tristeza em relação a mim e que, se pensar na minha pessoa às vezes, será como se pensa em um livro lido na infância. Nunca mais gostaria de ocupar outro posto no coração de nenhum dos seres que amo, para ter a certeza de nunca lhes causar dor.

Jamais esquecerei a generosidade que o levou a me dizer e escrever algumas dessas palavras calorosas, mesmo quando, assim como acontece comigo, não se trata do que realmente acredita. Entretanto essas palavras não deixam de representar um consolo. Talvez até mesmo um de grande importância. Não sei se conseguiremos nos manter informados quanto ao que acontece um ao outro, mas é preciso ter em mente que isso não importa...".

Simone Weil me escreveu novamente de Casablanca e depois, uma última vez, de Nova York. A ocupação da zona livre pelos alemães suspendeu então nossa correspondência. Em novembro de 1944, enquanto esperava seu retorno à França, soube por amigos em comum que ela havia morrido em Londres um ano antes.

Nascida em Paris, em 1909, ex-aluna de Alain[11], ela ingressou na École Normale Supérieure muito jovem e passou com brilhantismo no concurso para se tornar professora de filosofia. Lecionou então em várias escolas de ensino médio e se envolveu na política

---

11 Émile-Auguste Chartier (1868-1951), filósofo cujo pseudônimo era Alain. (N. do T.)

desde muito cedo. Nem é preciso dizer que suas convicções revolucionárias — que ela manifestava sem a menor preocupação com o decoro próprio à sua vida profissional ou social — causaram-lhe alguns problemas administrativos, que ela acolheu com um desdém transcendente. A um inspetor escolar que a ameaçava com sanções que poderiam culminar em uma demissão, ela respondeu com um sorriso: — Caro inspetor, sempre considerei a demissão uma conquista natural em minha carreira. — Ela atuou nas fileiras da extrema esquerda, mas nunca integrou nenhuma organização política, limitando-se a defender os fracos e oprimidos, independentemente de seu partido ou raça. Querendo compartilhar com profundidade da mesma sina dos pobres, pediu seu afastamento do trabalho e se empregou nas fábricas da Renault, onde trabalhou durante um ano como fresadora sem revelar a ninguém suas qualidades. Tendo alugado um quarto em um bairro operário, ela vivia apenas com o escasso produto do trabalho. A pleurite interrompeu essa experiência. Na época da Guerra Civil Espanhola, alistou-se nas fileiras dos Vermelhos[12], mas fez questão de nunca usar armas e atuou mais como líder do que como combatente. Um acidente — ela queimou os pés inadvertidamente — trouxe-a de volta à França. Em circunstâncias tão trágicas — que a acompanharam em toda a vida — os pais dela, com quem tinha uma ligação afetiva bastante forte, mas que sofriam desmesuradamente com suas loucuras heroicas, cercavam-na de cuidados constantes, o que certamente retardou o desfecho dessa existência que nenhuma impureza seria capaz de reter aqui embaixo. "Essa força que os Karamazov[13] extraem da pequenez de sua natureza" e que faz o homem se ater à terra, estranhamente, faziam-lhe falta...

    Antes de evocar o comportamento de Simone Weil durante os acontecimentos que, entre 1940 e 1944, dividiram tão

---

12 Termo genérico que designava o conjunto de forças republicanas (socialistas, comunistas e anarquistas) que lutava contra o regime franquista durante a Guerra Civil Espanhola (1936-1939). (N. do T.)

13 Referência ao romance *Os Irmãos Karamázov*, do autor russo Fiódor Dostoiévski (1821-1881), considerado uma das obras mais importantes da literatura mundial. (N. do T.)

profundamente o povo francês, gostaria de salientar que seria ofensivo à memória dela se o conteúdo imortal e transcendente de sua mensagem fosse interpretado à luz da situação política atual e imbuído de disputas partidárias. Nenhuma facção, nenhuma ideologia social tem o direito de reivindicá-lo. Seu amor ao povo e seu ódio a qualquer opressão não são suficientes para subjugá-lo aos partidos de esquerda; sua rejeição do progresso e seu culto à tradição também não permitem o classificarem à direita. Ela infundia em seus engajamentos políticos a paixão que permeava tudo a que se dedicava, mas, longe de fazer de uma ideia, de uma nação ou de uma classe um ídolo, sabia que o social é, por excelência, o domínio do relativo e do mal ("contemplar o social", ela costumava escrever, "constitui uma purificação tão eficaz quanto se afastar do mundo, e é por isso que não fiz mal ao me aproximar da política por tanto tempo") e sabia também que, nessas circunstâncias, o dever da alma transcendente não consiste em apoiar com fanatismo um partido, e sim em tentar constantemente restaurar o equilíbrio, colocando-se do lado dos vencidos e dos oprimidos. Assim, apesar de sua aversão ao comunismo, ela queria partir para a Rússia, em uma época em que o país sangrava sob o poderio alemão. Essa noção de contrapeso é essencial em sua concepção de atividade política e social: — Se sabemos onde a sociedade se encontra desequilibrada, devemos fazer o possível para adicionar peso ao nível mais leve. Embora esse peso seja o mal, ao manejá-lo com tal intenção talvez não cheguemos a nos contaminar. Mas é preciso conceber algum equilíbrio e estar sempre a postos para mudar de lado, como o faz a justiça, essa fugitiva do lado dos vencedores.

Esse estado de espírito a levou, desde o Armistício, a esse movimento — tão diverso em suas origens e finalidades — que hoje se designa pelo nome generalista de Resistência. Antes de sua partida para os Estados Unidos, ela se desentendeu com a Polícia Nacional Francesa, e não haveria nenhuma dúvida quanto a seu destino se tivesse permanecido na França à época dos maiores ataques da Gestapo. Assim que chegou ao continente americano, tomou todas as providências para se alistar nas fileiras da Resistência. Partindo para Londres em novembro de 1942, ali trabalhou por algum tempo a serviço do senhor Maurice Schumann[14]. Incapaz de se expor aos perigos que então pesavam sobre os franceses, ela quis pelo menos partilhar de suas privações e se obrigou rigorosamente a consumir apenas a quantidade de comida permitida aos compatriotas pelos cupons de racionamento. Essa dieta não demorou a prejudicar sua saúde já debilitada e a obrigá-la a se internar no hospital. Ela sofria muito com os poucos privilégios de que era objeto. Eu tinha percebido em minha própria casa esse traço de seu caráter: ela odiava se ver em uma posição favorecida e evitava com ferocidade qualquer cuidado em colocá-la acima dos outros. Só se sentia confortável no nível mais baixo da escala social, em meio à massa de pobres e deserdados deste mundo. Levada para o interior, ali morreu, depois de ter demonstrado certa alegria por poder reencontrar a natureza. Não sei de detalhes acerca de sua morte. — A agonia — dizia ela — é a noite de trevas absolutas, indispensável — inclusive àqueles sem defeitos — para alcançar a pureza suprema e, por isso, tanto melhor caso seja também penosa. — Atrevo-me a pensar que sua vida foi dura o suficiente para que lhe tenha sido concedida a graça de uma morte pacífica.

Os textos de Simone Weil pertencem àquela categoria de grandes obras que apenas podem ser enfraquecidas e confundidas com determinados comentários. A minha única razão para apresentar estes textos é que minha amizade com a autora e as longas conversas que tivemos juntos facilitam o meu acesso ao seu pensamento, permitindo-me reelaborar com mais tranquilidade, sob a luz exata e no seu contexto natural, certas fórmulas demasiadamente bruscas ou insuficientemente elaboradas. Não devemos nos esquecer de que se trata aqui, como acontece com Pascal[15], de simples pedras angulares, dispostas dia após dia, muitas vezes às pressas, à espera de uma construção mais completa que, infelizmente, nunca se concretizará.

---

14 Maurice Schumann (1911-1998) foi ministro das Relações Exteriores francês e um dos mais atuantes membros da Resistência Francesa em Londres. (N. do T.)
15 Blaise Pascal (1623-1662) foi um matemático, escritor, físico, inventor, filósofo e teólogo francês. (N. do T.)

Esses textos são crus e simples[16] como a experiência íntima que buscam transmitir. Nenhum estofo se interpõe entre a vida e a palavra: a alma, o pensamento e a expressão constituem um bloco sem fissuras. Mesmo que eu não tivesse conhecido Simone Weil pessoalmente, só seu estilo me garantiria a autenticidade de seu testemunho. O que mais impressiona em seu pensamento é a versatilidade de suas possíveis aplicações — pergunto-me se sua simplicidade descomplica tudo que ela abarca — seus pensamentos nos transportam para os ápices do ser que o olhar abrange em uma única mirada, uma infinidade de horizontes sobrepostos. — Devemos — dizia ela — acolher todas as opiniões, mas compô-las verticalmente, acomodando-as nos níveis adequados. — E ainda: — Qualquer coisa que seja real o bastante para conter interpretações sobrepostas é inocente, ou boa. — Esse sinal de grandeza e de pureza é encontrado em cada página de sua obra.

Vê-se, por exemplo, seu pensamento que liquida a eterna disputa entre o otimismo e o pessimismo, que Leibniz[17] não soube resolver: — Há todo tipo de distância entre as criaturas e Deus. Uma espécie de distância que torna o amor de Deus impossível: matéria, plantas, animais. Nelas, o mal é tão integral que acaba destruindo a si mesmo — não há mais mal, e sim um espelho da inocência divina. Chegamos a um ponto em que o amor é simplesmente possível. Trata-se de um grande privilégio, pois o amor que une é proporcional a sua distância. Deus criou um mundo que não é o melhor possível, mas que tem todos os níveis do bem e do mal. Estamos localizados no pior nível que há, pois, além dele, tem-se o ponto em que o mal se torna inocência.

Ou este outro pensamento, que ilumina o problema do mal mesmo nos segredos do amor divino: — Para mim, todas as coisas criadas se recusam a ter uma finalidade. Tal é a extrema misericórdia de Deus para comigo. E isso, em si, é a essência do mal. O mal

---

16 Isso explica certas repetições ou omissões de estilo que, em geral, buscou-se respeitar. (Nota do editor do original.)

17 Gottfried Wilhelm Leibniz (1646-1716) foi um proeminente polímata e filósofo alemão, figura central na história da matemática e da filosofia. (N. do T.)

é a forma que a misericórdia de Deus assume neste mundo. — E também a contestação abrupta e definitiva de todos os pensadores que, como Schopenhauer ou Sartre, extraem da presença do mal no mundo um pessimismo primordial: — Dizer que o mundo não vale nada, que esta vida não vale nada, e dar como provas o mal é absurdo, pois se nada tem valor nenhum, do que o mal está nos privando?

Ou ainda sua lei de inserção do superior no inferior, assim formulada: — Qualquer ordem transcendente a outra só pode ser inserida nela sob uma forma infinitamente diminuta — que completa e aprofunda a lei das três ordens de Pascal[18]. De fato, o mundo da vida aparece infinitamente pequeno dentro do mundo material: o que representam os seres vivos, em comparação com a massa do planeta e, talvez, do cosmos? Da mesma maneira, tem-se o mundo do espírito em relação ao mundo da vida: existem na terra pelo menos quinhentas mil espécies vivas, das quais apenas uma tem *il ben dell'intelletto*[19]. E, quanto ao mundo da graça, ele representa, por sua vez, uma parte infinitamente pequena da massa de nossos pensamentos e afetos profanos: as imagens do fermento e do grão de mostarda do *Evangelho* testemunham suficientemente esse "caráter infinitesimal do bem puro".

Toda a obra de Simone Weil é movida e impregnada por um imenso desejo de purificação interior, que se reflete até mesmo em sua metafísica e em sua teologia. Inclinando-se com toda a alma na direção de um bem puro e absoluto, cuja existência nada nesta terra pode provar — mas que ela sente ser mais real do que tudo o que vive nela e ao seu redor —Simone quer estabelecer a fé nesse ser perfeito sobre um sustentáculo que nenhum golpe do destino ou infortúnio, nenhum turbilhão da matéria ou espírito pode abalar. Com esse fim, é importante sobretudo eliminar da vida interior todas as formas de ilusão e retribuição (piedade imaginativa, "consolações" religiosas, fé que não exalta a imortalidade

---

18 Ordens do corpo, do espírito e da caridade (ou vontade). (N. do T.)
19 "O benefício do intelecto", em italiano. (N. do T.)

do eu etc.) que muitas vezes usurpam o nome de Deus e que, na verdade, são simplesmente refúgios de nossa fraqueza ou de nosso orgulho: — Devemos vigiar o nível em que colocamos o infinito. Se o colocamos em um nível em que os fins são a única conveniência, não terá nenhuma importância o nome que lhe dermos.

A criação reflete Deus por sua beleza e harmonia, mas, por intermédio do mal e da morte que nela habitam e da necessidade imperceptível que a rege, revela também a ausência de Deus. Saímos de Deus: isso significa que carregamos Sua marca, e também que Dele estamos separados. A etimologia da palavra "existir" — estar do lado de fora — é muito esclarecedora a esse respeito: nós existimos, não somos. Deus, que é o Ser, de algum modo se apagou para que pudéssemos existir. Será que Ele renunciou a ser tudo para que fôssemos algo? Em nosso favor, ele se despojou da própria essência — que se confunde com o bem — para deixar reinar outra, alheia e indiferente ao bem. A lei central deste mundo, da qual Deus se retirou pelo próprio ato de criação, é a lei da gravidade, que se encontra analogamente em todos os níveis da existência. A gravidade é a força antitética a Deus por excelência. Ela leva toda criatura a buscar algo que seja capaz de preservá-la ou fortalecê-la e, nas palavras de Tucídides[20], a exercer todo o poder de que é capaz. Psicologicamente, expressa-se por todos os meios de afirmação ou restituição do eu, por todos os subterfúgios recônditos (mentiras íntimas, fuga para os sonhos e falsos ideais, transgressões imaginárias do passado e do futuro etc.) que usamos para consolidar em nosso interior nossa existência abalada, ou seja, para permanecer afastados e em oposição a Deus.

Simone Weil coloca o problema da salvação nestes termos: — Como escapar daquilo que, em nosso íntimo, assemelha-se à gravidade? — Apenas pela graça. Deus transcende para trazer para junto de nós a espessura infinita do tempo e do espaço. Sua graça nada muda nos jogos cegos da necessidade e do acaso que conduzem este mundo, ela simplesmente penetra na nossa alma

---

20 Tucídides (ca. 460 a.C.-ca. 400 a.C.) foi um historiador da Grécia Antiga. (N. do T.)

como uma gota d'água que se insinua pelas camadas geológicas sem modificar sua estrutura, aí esperando em silêncio, até que aceitemos voltar a ser Deus novamente. A gravidade era a lei da criação, a obra da graça consiste em nos "descriar". Por amor, Deus consentiu em deixar de ser tudo para que nós fôssemos algo; por amor, devemos consentir em não ser mais nada para que Deus volte a ser tudo. Trata-se, portanto, de abolir em nós o eu, "essa sombra lançada pelo pecado e pelo erro, que oculta a luz de Deus e acreditamos ser uma existência". Fora dessa completa humildade, desse consentimento incondicional de não ser nada, todas as formas de heroísmo e de imolação permanecem sujeitas à gravidade e à mentira. — Só podemos oferecer o eu. Caso contrário, tudo o que chamamos de oferenda nada mais é do que um rótulo colocado sobre uma revanche do eu. — Para matar o ego, é preciso se expor nu e indefeso a todas as mordidas da vida, aceitar o vazio, o desequilíbrio, nunca buscar compensação para o infortúnio e, sobretudo, suspender em si mesmo o trabalho da imaginação "que tende perpetuamente a vedar as fissuras pelas quais passaria a graça". Todos os pecados são tentativas de escapar do vazio. Também é necessário renunciar ao passado e ao futuro, porque o eu nada mais é do que uma concretização do passado e do futuro em torno de um presente sempre falho. A memória e a esperança suprimem o efeito salutar do infortúnio, abrindo um campo ilimitado às elevações imaginárias (eu era, eu serei...), mas a fidelidade ao momento presente realmente reduz o homem a nada e lhe abre então as portas da eternidade.

O eu deve ser morto por dentro, por meio do amor. Mas também pode sê-lo por fora, por intermédio do sofrimento extremo e do rebaixamento. Há vagabundos e prostitutas que não têm mais amor-próprio do que os santos, e cuja vida inteira se limita ao momento presente. Esse é o drama do rebaixamento: o que torna seu caráter irreparável não é que o eu que ele destrói seja precioso — já que foi feito para ser destruído — e sim o fato de impedir que o próprio Deus o destrua, que Ele afaste sua presa do amor que traz a eternidade.

Simone Weil distingue nitidamente essa imolação sobrenatural de todas as formas de grandeza e heroísmo humanos. Deus é o ser mais fraco e despojado aqui na Terra? Seu amor não preenche a parte carnal da alma, como o amor dos ídolos? Para ir até Deus, é preciso sofrer sem um objetivo estabelecido, renunciar a todos os arrebatamentos da paixão e do orgulho que velam o horrível mistério da morte e se deixar guiar apenas por esse "ínfimo sopro" de que fala a *Bíblia*, que nem a carne nem o eu percebem. — Dizer a Cristo, como São Pedro, "eu Lhe serei fiel", já era renegá-lo, pois era supor em si mesmo, e não na graça, a fonte da fidelidade. Como era ele o eleito, esse renegar se manifestou nele e em todos. Em quantos outros tamanha arrogância se torna realidade, sem que eles a compreendam. — É fácil morrer por aquilo que é forte, pois se envolver no que é forte faz alastrar um arrebatamento surpreendente. Porém é sobrenatural morrer por aquilo que é fraco: milhares de homens souberam morrer heroicamente por Napoleão, enquanto o Cristo moribundo foi abandonado pelos discípulos (mais tarde, o sacrifício se tornou mais fácil para os mártires, pois já se encontravam amparados pela força social da Igreja). — O amor sobrenatural não tem contato com a força, mas também não protege a alma contra o frio da força, o frio do ferro. Somente um apego terreno — se contiver energia suficiente — pode proteger contra o frio do ferro. A armadura é feita de metal como a espada. Se alguém deseja um amor que proteja a alma contra as feridas, deve amar outra coisa que não seja Deus. — O herói porta uma armadura, o santo está nu. Já a armadura, ao mesmo tempo que protege contra os golpes, proíbe o contato direto com a realidade e, sobretudo, o acesso à terceira dimensão, que é a do amor sobrenatural. Para que as coisas realmente existam para nós, elas devem nos penetrar. Daí a necessidade de estar nu: nada pode entrar em nosso íntimo se a armadura nos proteger tanto contra as feridas como contra a profundidade que elas trazem. Todo pecado é um atentado à terceira dimensão, uma tentativa de nos trazer de volta ao nível do irreal, do indolor, um sentimento que gostaria de penetrar nas profundezas. Eis uma lei rigorosa: diminui-se tanto mais o próprio sofrimento quanto mais se esgota em si a comunhão íntima e direta com a realidade. No limite, a vida se espalha na superfície: não se sofre mais do que em um sonho, porque a existência, reduzida a duas dimensões, torna-se plana como um sonho. O mesmo vale para as consolações, as ilusões, as ostentações e todas as reações gratificantes, com as quais tentamos preencher os vazios que a mordida da realidade cava em nós. Qualquer vacuidade, qualquer vazio, implica, na verdade, na presença da terceira dimensão — ela não cabe em uma superfície — e preencher um vazio equivale a se refugiar, a isolar-se na superfície. O adágio da velha física, "a natureza abomina o vazio", aplica-se estritamente à psicologia. Mas a graça necessita precisamente desse vazio para entrar em nós.

Esse processo de "descriação", que é o único caminho da salvação, é obra da graça, e não da vontade. O homem não sobe ao céu se elevando pelos cabelos. A vontade é boa apenas para as tarefas mais humildes: ela garante o exercício correto das virtudes naturais que são pré-requisitos para a obra da graça, assim como o esforço do trabalhador serve à semeadura. Mas o germe divino vem de outro lugar... Como Platão e Malebranche[21], Simone Weil atribui, nessa área, muito mais importância à atenção do que à vontade. — É preciso ser indiferente ao bem e ao mal, mas verdadeiramente indiferente, ou seja, projetar a luz da atenção sobre ambos da mesma maneira. Assim, o bem prevalecerá por um fenômeno automático. — Trata-se então, precisamente, de criar esse automatismo superior? Seremos capazes de consegui-lo não contraindo o próprio ego e "forçando os próprios talentos" para fazer o bem (nada é mais degradante do que uma ação elevada realizada com um estado de espírito inferior), mas alcançando, à força de obliteração e amor, o estado de perfeita docilidade à graça, do qual o bem emana espontaneamente. — A ação é o ponteiro da balança. Não toque no ponteiro, e sim nos pesos. Infelizmente, é mais fácil arruinar o ponteiro do que alterar o próprio peso nessa "balança áurea de Zeus".

---

21 Nicolas Malebranche (1638-1715) foi um filósofo racionalista e padre francês. (N. do T.)

A atenção religiosa, portanto, eleva-nos acima da "perplexidade dos opostos" e da escolha entre o bem e o mal. — A escolha é uma noção de nível inferior. — Enquanto eu hesitar entre fazer ou não fazer uma má ação (por exemplo, possuir ou não essa mulher que se oferece a mim, trair ou não trair esse amigo), mesmo que escolha a opção correta, eu não me elevo tão acima do mal que rejeito. Para que minha "boa" ação seja verdadeiramente pura, devo dominar essa desprezível oscilação, e o bem que realizo externamente deve ser a tradução exata de minhas necessidades interiores. Nisso, a santidade se assemelha à degradação[22]: assim como um homem muito vil não hesita em possuir uma mulher quando sua paixão se manifesta ou em trair um amigo se seus interesses o exigirem, um santo não precisa escolher entre se manter puro ou fiel; ele não é capaz de agir de outra maneira, indo em direção ao bem como a abelha vai na direção da flor. O bem que escolhemos, em comparação com o mal, tem pouco mais do que um valor social; aos olhos Daquele que tudo vê em segredo, esse bem tem os mesmos motivos e assume a mesma vulgaridade que o mal. Daí a semelhança frequentemente observada entre certas formas de "virtude" e o pecado correlativo: o roubo e o respeito burguês pela propriedade, o adultério e as "mulheres honestas", a parcimônia e o desperdício etc. O verdadeiro bem não se opõe ao mal (para se opor diretamente a algo, é preciso estar no mesmo nível): ele o transcende e o apaga. — O que o mal viola não é o bem, pois este é inviolável; apenas um bem degradado pode ser violado.

A alma apegada à busca do bem puro se depara aqui com contradições irredutíveis. A contradição é o critério do real. — Nossa vida nada mais é do que impossibilidade, absurdo. Tudo o que queremos contradiz as condições ou consequências a ele associadas. Nós mesmos somos contradição, pois somos criaturas,

---

22 Trata-se aqui do postulado de Hermes: "O mais alto se assemelha ao mais baixo" — a lei central do ser, de onde Simone Weil tira infinitas aplicações ao longo de sua obra. Assim, a não violência dos santos se identifica exteriormente com a covardia, a sabedoria suprema conduz à ignorância, os impulsos da graça reproduzem a fatalidade dos instintos animais (tornei-me como um animal de carga diante da sua face...), o desapego se assemelha à indiferença etc. (Nota do autor do prefácio)

somos Deus e infinitamente diferentes de Deus. — Tomemos, por exemplo, ter filhos em abundância: não acabamos por favorecer a superpopulação e a guerra (o caso do Japão é típico nesse quesito)? Ao melhorar a situação material das pessoas, corremos o risco de alterar sua alma; ao nos dedicar inteiramente a alguém, deixamos de existir para essa pessoa... Só o bem imaginário não comporta contradição: a jovem que deseja uma numerosa descendência, o reformador social que sonha com a felicidade do povo etc. não encontram nenhum obstáculo contanto que não passem à ação: não navegam eles a todo vapor em um bem puro, mas fictício? O choque contra o recife é o sinal do despertar. Devemos aceitar essa contradição, mostra de nossa miséria e de nossa grandeza, com todo o seu amargor. É por meio do absurdo, vivido e sofrido com profundidade como tal, por meio desse universo que é um amálgama de bem e mal, que chegamos ao bem puro, cujo reino não é deste mundo. — Pura é a ação que se pode realizar mantendo a intenção totalmente voltada para o bem puro e impossível, sem se deixar encobrir por nenhuma mentira, ou atração, ou impossibilidade do bem puro. — Em vez de preencher com ilusões (como a fé em um Deus concebido como um pai temporal, na ciência ou no progresso...) o abismo que se estende entre aquilo que é necessário e o bem, é preciso acolhê-los como são —dois ramos da mesma contradição — e deixar que eles próprios se rompam com a distância. E é nesse rompimento — uma espécie de reflexo do ato criador do homem que rompeu Deus — que encontramos a identidade originária do que é necessário e do que é bem: — Este mundo, completamente vazio de Deus, nada mais é que o próprio Deus. A necessidade, como algo absolutamente diverso do bem, é o próprio bem. É por isso que qualquer consolo na desgraça nos afasta do amor e da verdade. Eis o mistério dos mistérios. Quando o compreendemos, encontramo-nos em segurança. — Por isso, aquele que recusa a confusão está fadado ao sofrimento. Desde Antígona, a quem o guardião da cidade temporal convida a ir amar entre os mortos, até a própria Simone Weil — a quem a injustiça humana crucificou até o túmulo — a desgraça é o destino de todos os amantes do absoluto perdidos no relativo: — Se desejamos apenas o bem, colocamo-nos em oposição à lei que liga tanto o bem com o mal quanto o objeto iluminado à sua sombra e, estando em oposição à lei universal do mundo, é inevitável que caiamos em desgraça. — Enquanto a alma não se esvaziar completamente de si mesma, essa sede de um bem puro há de engendrar um sofrimento expiatório; é na alma perfeitamente inocente que se produz o sofrimento redentor: — Ser inocente é suportar o peso de todo o universo. É lançar o contrapeso. — A pureza, portanto, não anula o sofrimento; pelo contrário, mina-o no infinito, mas lhe dá um sentido eterno: — A extrema grandeza do cristianismo vem do fato de ele não procurar um remédio sobrenatural contra o sofrimento, e sim um *uso* sobrenatural do sofrimento. — Esse mistério do sofrimento que "descria" o homem e o restitui a Deus encontra seu centro no mistério da encarnação. Se Deus não tivesse encarnado, o homem que sofre e que morre seria, em determinado sentido, maior do que Deus. Mas Deus se fez homem e morreu na cruz. — Deus abandonou Deus. Deus se esvaziou: essa palavra envolve ao mesmo tempo a Criação e a encarnação com a Paixão... Para nos ensinar que somos não ser, Deus se fez não ser. — Em outras palavras, Deus se fez criatura para nos ensinar a desfazer em nós a criatura, e o ato de amor pelo qual se separou de si mesmo nos traz de volta a Ele. É na assunção da condição humana, em seu aspecto mais miserável e trágico, que Simone Weil vê a essência da função mediadora de Jesus Cristo: os sinais, os milagres constituem a parte humana, quase irrelevante de sua missão; a parte sobrenatural é a agonia, o suor de sangue, a cruz e seus apelos em vão ao céu silencioso. A palavra do Redentor: "Pai, por que me desamparaste?", que resume toda a angústia da criatura lançada no tempo e no mal e à qual o Pai responde apenas com o silêncio — basta essa única palavra para provar a divindade do cristianismo.

*****

Esse fascínio pelo absoluto e pelo eterno em nada leva Simone a desconsiderar a dignidade e a necessidade dos valores temporais.

Neles, ela vê intermediários entre a alma e Deus, pura metaxia[23]. — O que é sacrilégio destruir? Não, não aquilo que é inferior, porque nada disso tem importância. Tampouco o que é elevado, pois não é possível alcançá-lo, e sim a metaxia. A metaxia é a região do bem e do mal... Não devemos privar nenhum ser humano desses bens relativos e mistos (casa, pátria, tradições, cultura etc.) que aquecem e alimentam a alma, e sem os quais — excetuando-se a santidade — uma vida humana não é possível. — Mas esses bens relativos e mistos só podem ser tratados como tais por aqueles que, pelo amor de Deus, passaram pelo despojamento total; todos os outros farão deles ídolos em maior ou menor grau: — Só quem ama a Deus com um amor sobrenatural pode considerar os meios simplesmente como tal.

O que quer que ela tenha dito sobre "escolha, uma noção de nível inferior" e a absoluta ineficiência do esforço voluntário no domínio sobrenatural, Simone Weil não cai, porém, no quietismo[24]. Pelo contrário, recorda-nos constantemente que, sem um exercício assíduo e estrito das virtudes naturais, a vida mística só pode ser uma ilusão. A causa da graça reside fora do homem, mas sua condição está no homem. O ódio de Simone Weil pela ilusão, especialmente quando ela assume a forma de uma piedade sentimental e uma espécie de *schwärmerei*[25] religioso, contrabalança tudo o que, em uma espiritualidade tão depurada, poderia inflar a imaginação ou o orgulho. Ela gostava de repetir, parafraseando São João da Cruz, que a inspiração que nos desvia do cumprimento das obrigações simples e ordinárias não vem de Deus. — O dever nos é dado para matar o eu... Só alcançamos a verdadeira oração depois de ter esgotado nossa vontade própria contra a observância das regras. — Para ela, toda exaltação religiosa que não fosse

---

23 Metaxia (μεταξύ, em grego) é um termo frequentemente utilizado na filosofia de Platão (ca. 428 a.C.-ca. 348 a.C.) para denotar algo com função de meio, intermediário ou conectivo. (N. do T.)]

24 Quietismo é o nome pejorativo dado a um conjunto de crenças cristãs que pregava a quietude intelectual, a meditação silenciosa e a contemplação sobre a oração e as ações piedosas. (N. do T.).

25 "Fanatismo", em alemão. (N. do T.)

sustentada por uma rigorosa fidelidade aos deveres cotidianos se mostrava tão suspeita que as raras negligências — devidas em grande parte à saúde frágil —que a afastavam do cumprimento dos deveres sempre a faziam duvidar amargamente da autenticidade de sua vocação espiritual. — Todos esses fenômenos místicos — escreveu ela no fim de sua vida, com uma humildade comovente — estão absolutamente além da minha competência. Eu não sei nada a esse respeito. Para começo de conversa, eles são reservados aos seres que possuem as virtudes morais elementares. Eu apenas falo sobre isso aleatoriamente. E nem consigo dizer honestamente a mim mesma que falo desse assunto sem conhecimento de causa.

Simone Weil só pode ser entendida no mesmo nível de sua fala. Sua obra se dirige, se não a almas tão nuas quanto a dela, pelo menos àquelas que guardam no fundo de si mesmas uma aspiração a esse bem puro a que ela dedicou sua vida e morte. Os perigos de uma espiritualidade tal não me escapam: a pior vertigem emana dos picos mais altos. Mas, mesmo que a luz seja capaz de queimar, não há motivo suficiente para encobri-la.

Não se trata aqui de filosofia, e sim de vida. Longe de pretender construir um sistema pessoal, Simone Weil queria com todas as suas forças se ausentar de sua obra. Seu único desejo era deixar de servir de anteparo entre Deus e os homens — desaparecer "para que o Criador e a criatura pudessem trocar seus segredos". Ela ignorava sua genialidade, pois sabia muito bem que a verdadeira grandeza consiste em não ser nada. — De que importa a energia, os dons que há em mim? Sempre há o suficiente para me fazer desaparecer... — Seu desejo foi realizado: certos textos atingem essa espécie de ressonância impessoal que é sinal da inspiração suprema: — Impossível perdoar alguém que nos causa mal, se esse mesmo mal nos rebaixa. Devemos ter em mente que não estamos sendo rebaixados, e sim que nosso verdadeiro nível está sendo revelado. — Ou ainda: — Se alguém me causa mal, devo desejar — por amor àquele que o infligiu em mim — que esse mal não me degrade, a fim de que realmente nenhum mal seja feito. — Mais do que no lado sistemático de seu trabalho, é nesses gritos de humildade e amor que Simone Weil aparece como uma mensageira pura. Nunca deixei de acreditar nela. Ao publicar estas páginas, estendo essa confiança a todas as almas que virão até ela.

Todos os textos contidos neste volume foram retirados dos manuscritos que Simone Weil nos confiou pessoalmente. São, portanto, anteriores a maio de 1942. As obras mais recentes, que os pais dela gentilmente nos transmitiram, não puderam ser aqui incluídas. Nós mesmos escolhemos os textos nos cadernos manuscritos, misturados a inúmeras citações e trabalhos filológicos e científicos. Hesitamos entre duas formas de apresentação: exibir os pensamentos de Simone Weil um após o outro na ordem em que foram compostos ou realizar algum tipo de classificação. A segunda fórmula nos pareceu mais adequada.

Gustave Thibon
Fevereiro de 1947

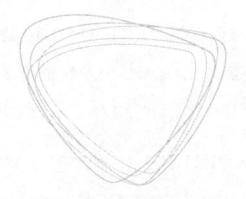

A GRAVIDADE E A GRAÇA

Todos os movimentos naturais da alma são regidos por leis análogas às da gravidade. A única exceção é a graça.

Deve-se sempre esperar que as coisas aconteçam de acordo com a gravidade, a menos que o sobrenatural intervenha.

Duas forças regem o universo: a luz e a gravidade.

A gravidade. De maneira geral, o que esperamos dos outros é determinado pelos efeitos da gravidade em nós; o que se recebe deles é determinado pelos efeitos da gravidade neles. Às vezes, ambos coincidem (por acaso); frequentemente, não.

Por que assim que um ser humano se certifica que precisa pouco ou muito de outra pessoa, ele se afasta? A gravidade.

Lear[26], tragédia da gravidade. Tudo a que chamamos de baixeza é um fenômeno da gravidade. Além disso, o termo baixeza indica a presença da gravidade.

---

26 Referência à peça *Rei Lear*, de William Shakespeare (1564-1616), encenada pela primeira vez em 1606. (N. do T.)

O objeto de uma ação e o nível da energia que a alimenta, coisas distintas.

Você deve fazer uma coisa qualquer. Mas de onde tirar a energia? Uma ação virtuosa pode nos rebaixar se não houver energia disponível no mesmo patamar.

O inferior e o superficial estão no mesmo nível. Ele ama apaixonadamente, mas com mesquinhez: uma frase possível. Ele ama profundamente, mas com mesquinhez: uma frase impossível.

Se é verdade que o mesmo sofrimento é muito mais difícil de suportar com um motivo elevado do que com um motivo inferior (as pessoas que ficavam em pé, sem se mexer, da uma às oito horas da manhã para conseguir um ovo dificilmente teriam feito o mesmo para salvar um ser humano), talvez uma virtude inferior se dê melhor, em alguns aspectos, em uma provação, em meio a dificuldades, tentações e infortúnios, do que uma virtude elevada. Soldados de Napoleão. Daí o uso da crueldade para manter ou elevar o moral dos soldados. Não nos esqueçamos disso ao pensar no fracasso.

É um caso especial da lei que geralmente coloca a força do lado da baixeza. A gravidade é como um símbolo dessa lei.

Filas de racionamento de comida. Uma mesma ação é mais fácil de realizar se seu motivo for inferior do que se for elevado. Motivos torpes armazenam mais energia do que motivos nobres. Problema: como transferir para os motivos nobres a energia investida nos motivos torpes?

Não se esqueçam de que, em certos momentos das minhas dores de cabeça, quando a crise se agravava, tive um desejo intenso de fazer sofrer outro ser humano, batendo-lhe precisamente no mesmo lugar da testa.

Desejos semelhantes, muito frequentes entre os homens.

Por várias vezes, estando em tal estado, cedi pelo menos à tentação de dizer palavras ofensivas. Obediência à gravidade. O maior de todos os pecados. Corrompe-se assim a função da linguagem, que é a de exprimir as relações entre as coisas.

Atitude de súplica: necessariamente devo recorrer a algo além de mim mesma, pois se trata de se libertar de si mesmo.

Tentar essa libertação usando de minha própria energia seria equivalente a uma vaca tentando se livrar de seus grilhões e caindo de joelhos.

Qualquer pessoa, então, libera a própria energia por meio de uma tal violência que acaba a degradando ainda mais. Trata-se de uma compensação com o sentido que lhe dá a termodinâmica, um ciclo infernal do qual só se pode sair com a própria elevação.

O homem tem sua fonte da energia moral no exterior, como sua energia física (deterioração, respiração). Ele geralmente a encontra, e é por isso que tem a ilusão — como no âmbito físico — de que seu ser carrega em si mesmo o princípio de sua conservação. A privação por si só faz sentir a necessidade. E, em caso de privação, ele não pode deixar de recorrer a qualquer coisa comestível.

Só existe um remédio para isso: uma clorofila que lhe permita se alimentar de luz. Não julguem. Todos os erros são iguais. Há apenas um erro: não ter a capacidade de se alimentar de luz. Pois, assim que essa capacidade é abolida, todos os erros são possíveis.

"Meu alimento é fazer a vontade Daquele que me enviou."

Não há outro bem além dessa capacidade.

Descer com um movimento que não dispõe da gravidade... A gravidade nos puxa para baixo, a asa, para cima: qual asa à segunda potência é capaz de nos puxar para baixo sem a gravidade?

A criação é feita do movimento descendente da gravidade, do movimento ascendente da graça e do movimento descendente da graça à segunda potência.

A graça é a lei do movimento descendente.

Rebaixar-se é ascender em relação à gravidade moral. A gravidade moral nos faz cair para o alto.

Um infortúnio muito grande coloca o ser humano abaixo da piedade: aversão, horror e desprezo.

A piedade desce até certo nível, nunca abaixo dele. Como a caridade faria para se rebaixar ainda mais?

Aqueles que caíram ao mais baixo nível têm piedade de si mesmos?

VAZIO E COMPENSAÇÃO

Mecânica humana. Quem sofre procura comunicar o seu sofrimento — seja maltratando, seja suscitando piedade — a fim de amenizá-lo, e acaba, desse modo, por diminuí-lo de verdade. Àquele que está no fundo do poço, de quem ninguém sente pena, que não tem poder para maltratar ninguém (se não tiver filhos ou um ser que o ame), o sofrimento permanece em seu interior, aprisionando-o.

Tal fato é inevitável, como a gravidade. Como podemos nos livrar dele? Como nos livramos daquilo que é igual à gravidade?

Tendência a arremessar o mal para fora de si: será que ainda a tenho?! Os seres e as coisas não são sagrados o suficiente para mim. Que eu não contamine nada quando estiver completamente transformada em lama. Que não contamine nada, mesmo em meus pensamentos. Mesmo nos piores momentos, eu não destruiria uma estátua grega ou um afresco de Giotto. Então, por que destruiria outras coisas? Por que, por exemplo, um momento na vida de um ser humano que poderia ser um momento feliz?

Impossível perdoar quem nos feriu se esse mal nos rebaixa. É preciso pensar que ele não nos rebaixou, simplesmente revelou nosso verdadeiro nível.

Trata-se do desejo de ver os outros sofrerem exatamente o que sofremos nós. É por isso que, exceto em períodos de instabilidade social, os rancores dos miseráveis pesam sobre seus semelhantes.

Eis aí um fator de estabilidade social.

Tendência a arremessar o sofrimento para fora de si. Se, por excesso de fraqueza, não podemos nem provocar piedade nos outros nem os prejudicar, fazemos mal à representação do universo em nós mesmos.

Tudo que é belo e bom se apresenta então como um insulto.

Fazer mal ao outro é receber algo dele. O quê? O que ganhamos (e que terá que ser restituído) quando causamos danos? Nós crescemos. Nós nos espalhamos. Preenchemos um vazio em nós mesmos ao criá-lo nos outros.

Poder fazer mal aos outros impunemente — por exemplo, descarregar a raiva em um ser inferior e obrigá-lo a se calar — é poupar-se de um gasto de energia, um gasto que o outro deve assumir. O mesmo se aplica à satisfação ilegítima de um desejo qualquer. A energia que assim se economiza é imediatamente degradada.

Perdoar. Não podemos fazê-lo. Quando alguém nos faz mal, criam-se reações em nós. O desejo de vingança é um desejo de equilíbrio primordial. Buscamos o equilíbrio em outro plano. É necessário ir por si mesmo até esse limite. Aí tocamos o vazio. (Ajude-se, e o céu o ajudará...)

Dores de cabeça. A um dado momento: uma dor mínima quando a projetamos no universo, mas o universo é alterado? Uma vez posta em seu lugar, a dor fica mais aguda, mas algo em mim não sofre e permanece em contato com um universo inalterado. Ajamos do mesmo modo com as paixões, rebaixando-as, trazendo-as de volta a um ponto e, então, perdemos o interesse nelas. Tratemos toda dor dessa maneira. Evitemos que ela se aproxime das coisas.

A busca pelo equilíbrio é ruim porque é imaginária. Vingança. Mesmo que de fato alguém mate ou torture seu inimigo, isso é, em certo sentido, imaginário.

O homem que vivia para sua comunidade, sua família, seus amigos, para enriquecer, para aumentar sua posição social etc. — uma guerra, e o levam como escravo e, a partir de então, para sempre, ele deve se esgotar até o limite de suas forças, simplesmente para existir.

Isso é terrível, impossível, e é por isso que, diante dele, não se apresenta um objetivo tão miserável a ponto de ele deixar de se apegar, simplesmente para ser capaz de punir o escravo que trabalha ao seu lado. Ele não tem mais objetivos a escolher. Qualquer coisa vira um galho para quem está se afogando.

Aqueles cuja comunidade havia sido destruída e escravizada não tinham mais passado nem futuro: com que objeto poderiam eles ocupar os pensamentos? Mentiras das mais ínfimas, ambições das mais lamentáveis, talvez mais dispostos a arriscar serem crucificados por roubar uma galinha do que, no passado, morreriam em combate para defender sua comunidade. Certamente esses terríveis suplícios não teriam sido necessários.

Ou, então, seria necessário ter a capacidade de suportar o vazio na mente.

Para ter a força de contemplar a infelicidade quando se está infeliz, é preciso o pão sobrenatural.

O mecanismo pelo qual uma situação muito difícil nos rebaixa reside no fato de que a energia fornecida por sentimentos elevados é — geralmente — limitada? Se a situação exige que ultrapassemos esse limite, devemos recorrer a sentimentos inferiores (medo, cobiça, gosto pelo que é excepcional, por honrarias externas), que são mais ricos em energia.

Essa limitação é a chave para muitas reviravoltas.

Tragédia daqueles que, tendo sido levados pelo amor ao bem, chegam a seu limite ao fim de determinado tempo e acabam se rebaixando.

Pedra no caminho. Atirar-se sobre a pedra, como se, por certa intensidade de desejo, ela não existisse mais. Ou ir embora como se nós mesmos não existíssemos.

O desejo encerra o absoluto e fracassa (uma vez esgotada a energia), o absoluto é transferido para o obstáculo. Estado de espírito dos vencidos, dos oprimidos.

Apreender (em tudo) que há um limite e que não o ultrapassaremos sem ajuda sobrenatural (ou com pouquíssima) e depois pagando o preço, por meio de um rebaixamento terrível.

A energia liberada pelo desaparecimento de objetos que representavam os motivos tende sempre a diminuir.

Sentimentos inferiores (a inveja, o ressentimento) são energia degradada.

Qualquer forma de recompensa constitui uma degradação de energia.

A autogratificação depois de uma boa ação (ou uma obra de arte) é uma degradação da energia superior. É por isso que a mão direita deve ignorar...

Uma recompensa puramente imaginária (um sorriso de Luís XIV) é o equivalente exato do que se gastou, porque tem exatamente o valor que se gastou — ao contrário das recompensas reais que, como tais, estão acima ou abaixo de seu valor. Além disso, as vantagens imaginárias, por si só, fornecem energia para esforços ilimitados. Mas é preciso realmente que Luís XIV sorria? Se ele não sorri, que privação inominável. Na maior parte do tempo, um rei só é capaz de conceder recompensas imaginárias, caso contrário ele se tornaria insolvente.

O mesmo vale para a religião, em algum nível. Ao deixar de receber um sorriso de Luís XIV, criamos um Deus que sorri para nós.

Ou, então, louvamos a nós mesmos. Precisamos de uma recompensa equivalente. Inevitável como a gravidade.

Um ente querido que decepciona. Eu lhe escrevi. É-lhe impossível me responder o que eu disse a mim mesma em seu nome.

Os homens nos devem o que imaginamos que eles nos darão. Restitua-lhes essa dívida.

Aceitar que eles não são criaturas de nossa imaginação é imitar a renúncia a Deus.

Eu também sou diferente do que imagino ser. Conhecimento é perdão.

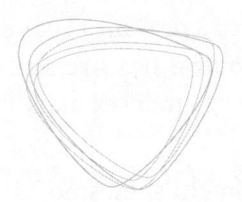

ACEITAR O VAZIO

"Por tradição, acreditamos nos deuses e, por experiência própria, vemos que no mundo dos homens cada ser exerce todo o poder à sua disposição sempre, por uma necessidade natural." (Tucídides) Como o gás, a alma tende a ocupar todo o espaço que lhe é dado. Um gás que se retraísse e deixasse um vácuo seria contrário à lei da entropia. Não é assim com o Deus dos cristãos. Trata-se de um Deus sobrenatural, ao passo que Jeová é um Deus natural.

Não exercer todo o poder à sua disposição é suportar o vazio. Isso é contrário a todas as leis da natureza: somente a graça pode fazê-lo.

A graça preenche, mas só pode entrar onde há um vazio para recebê-la, e é a graça que cria esse vazio.

A necessidade de uma recompensa, de receber o equivalente ao que se dá. Mas se, ao violar essa necessidade, um vácuo é deixado, forma-se uma espécie de corrente de ar e surge uma recompensa sobrenatural. Ela não aparece se há outra recompensa: o vazio faz com que ela se produza.

O mesmo se aplica à restituição das dívidas (que diz respeito não só ao mal que os outros nos fizeram, como também ao bem que nós lhes fizemos). Aí, uma vez mais, aceitamos um vazio em nós mesmos.

Aceitar um vazio em si mesmo, eis o que é sobrenatural. Onde encontrar a energia para um ato sem contrapartida? A energia deve vir de outro lugar. No entanto, primeiro é necessário que haja um rompimento, algo desesperador, que primeiro se produza um vazio. Vazio: noite obscura.

Admiração e pena (a mistura das duas, sobretudo) produzem uma energia real. Mas temos que passar sem elas.

Deve haver um tempo sem recompensa, natural ou sobrenatural.

Deve haver uma representação do mundo onde haja vazio, para que o mundo precise de Deus. E isso pressupõe o mal.

Amar a verdade significa suportar o vazio e, portanto, aceitar a morte. A verdade está do lado da morte.

O homem só escapa das leis deste mundo pela duração de um relâmpago. Instantes de pausa, contemplação, pura intuição, vazio mental, aceitação do vazio moral. É com esses momentos que ele é capaz do sobrenatural.

Quem suporta o vazio por um momento recebe o pão sobrenatural ou cai. Um risco terrível, mas que deve ser assumido, mesmo por um momento sem esperança. Mas não devemos nos lançar nele.

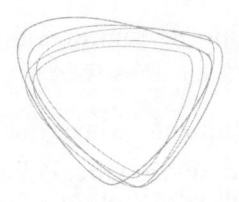

DESAPEGO

Para alcançar o completo desapego, o infortúnio não é suficiente. É preciso um infortúnio sem consolo. Não deve haver consolo. Nenhum consolo representável. Daí então, um consolo indescritível advém.

Restituir as dívidas. Aceitar o passado sem pedir compensação no futuro. Parar o tempo agora. Trata-se também da aceitação da morte.

"Ele se esvaziou de sua divindade." Esvaziar-se do mundo. Revestir-se da natureza de um escravo. Reduzir-se ao ponto que ocupamos no espaço e no tempo. Para nada.

Despojar-se da realeza imaginária do mundo. Solidão absoluta. Então, adquirimos a verdade do mundo.

Duas maneiras de renunciar aos bens materiais:

Privar-se delas, trocando-as por um bem espiritual.

Concebê-las e senti-las como circunstâncias dos bens espirituais (por exemplo: a fome, o cansaço e a humilhação obscurecem a inteligência e dificultam a meditação) e, ainda assim, renunciar a elas.

Esse segundo tipo de renúncia é tão somente privação de espírito.

Além disso, dificilmente os bens materiais seriam perigosos se aparecessem sozinhos, e não vinculados aos bens espirituais.

Renunciar a tudo o que não é graça e não desejar a graça.

A extinção do desejo (budismo) ou do desapego — ou *amor fati*[27] — ou o desejo do bem absoluto, tudo isso é sempre a mesma coisa: esvaziar o desejo, a finalidade de todo o conteúdo, desejar em vão, desejar sem desejar.

Afastemos nosso desejo de todos os bens e esperemos. A experiência prova que essa expectativa é satisfeita. Então, chegamos ao bem absoluto.

Em tudo, além do objeto particular, qualquer que seja ele, querer em vão, querer o vazio. Porque, para nós, é vazio todo bem que não podemos representar nem definir. Mas esse vazio é mais cheio do que todos os cheios.

Se chegarmos a esse ponto, estaremos fora de perigo, porque Deus preenche o vazio. Não é de maneira alguma um processo intelectual, no sentido que o compreendemos hoje. A inteligência não tem nada a encontrar, ela tem que perder. Ela é boa apenas para tarefas servis.

O bem, para nós, é o nada, já que nenhuma coisa é o bem. Mas esse nada não é irreal. Tudo o que existe, comparado a ele, é irreal.

Descartemos as crenças cheias de vazios, suavizadoras de amarguras. A crença da imortalidade. A crença que se refere à utilidade dos pecados: *etiam peccata*[28]. Ou a da ordem providencial dos acontecimentos — em suma, os "consolos" que comumente buscamos na religião.

---

[27] Expressão latina que significa "amor ao destino". Em algumas correntes filosóficas, trata-se da aceitação integral da vida e do destino humano mesmo nos aspectos mais cruéis e dolorosos. (N. do T.)

[28] "Até os pecados", em latim. (N. do T.)

Amar a Deus por meio da destruição de Troia e de Cartago, e sem consolo. O amor não é consolo, é luz.

A realidade do mundo é feita por nós, advinda de nosso apego. É a realidade do eu, transferida às coisas por nós. Essa não é de modo algum a realidade externa. Tal realidade só é perceptível com o completo desapego. Se restar apenas um fio, ainda há apego.

O infortúnio que nos obriga a nos relacionar com objetos miseráveis revela a natureza miserável do apego. Assim, fica mais clara a necessidade do desapego.

O apego constrói ilusões, e todo aquele que procura o real deve se desapegar.

Depois de saber que algo é real, não podemos mais continuar a ter apego por tal coisa.

O apego nada mais é do que insuficiência do sentido da realidade. Apegamo-nos à posse de algo porque acreditamos que, se deixarmos de possui-lo, ele deixará de existir. Muitas pessoas não sentem com toda a sua alma que existe uma diferença absoluta entre a destruição de uma cidade e sua inevitável partida dessa mesma cidade.

A miséria humana seria intolerável se não se diluísse com o tempo.

Evitemos que ela se dilua até se tornar intolerável.

"E quando se encheram de lágrimas" (*Ilíada*) — mais uma forma de tornar tolerável o pior dos sofrimentos.

Não devemos chorar para não ser consolados[29].

Qualquer dor que não desassociamos de nós é dor perdida. Nada mais terrível, deserto frio, alma encolhida. Ovídio. Escravos de Plauto.

Não pensemos jamais em alguma coisa ou em um ser que amamos — e que não se encontra diante de nossos olhos — sem

---

29 "Bem-aventurados os que choram", disse Jesus Cristo. Mas Simone Weil condena aqui apenas as lágrimas geradas pela privação dos bens temporais e que o homem derrama sobre si mesmo. (Nota do editor do original.)

imaginar que, talvez, tal coisa tenha sido destruída ou tal ser já esteja morto.

Que esse pensamento não dissolva a sensação da realidade, e sim a torne mais intensa.

Cada vez que alguém disser: "Seja feita a Vossa vontade", imaginemos todos os infortúnios possíveis como um todo.

Duas maneiras de se matar: suicídio ou desapego.

Matemos nos pensamentos tudo o que amamos: eis a única maneira de morrer. Mas apenas o que amamos (Aquele que não odeia seu pai, sua mãe... Mas: ame seus inimigos...).

Não querer que aquilo que amamos seja imortal. Diante de um ser humano, seja ele quem for, não querer nem que ele seja imortal nem que esteja morto.

O avarento, por desejar seu tesouro, priva-se dele. Se podemos colocar todos os nossos bens em algo escondido na terra, por que não em Deus?

Mas quando Deus se torna tão significativo quanto um tesouro para o avarento, este repete a si mesmo em voz alta que Ele não existe. Havemos de sentir que o amamos, mesmo que Ele não exista.

É Ele que, pela produção da noite obscura, retira-se para não ser amado como um tesouro por um avarento.

Electra lamentando a morte de Orestes[30]. Se amarmos a Deus pensando que ele não existe, Ele manifestará sua existência.

---

[30] Referência a *Electra*, peça teatral do dramaturgo grego Eurípides (ca. 480 a.C.-406 a.C.), provavelmente composta em meados da década de 410 a.C. (N. do T.)

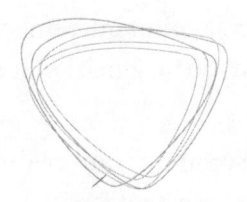

A IMAGINAÇÃO SACIADA

A imaginação trabalha continuamente para fechar todas as rachaduras pelas quais a graça passaria.

Qualquer vazio (não aceito) produz ódio, rispidez, amargura, ressentimento. O mal que desejamos àquilo que odiamos, àquilo que antevemos, restaura o equilíbrio.

Os milicianos do *Testamento Espanhol*, que inventaram vitórias para suportar a morte, eis um exemplo da imaginação que preenche o vazio. Embora não devamos ganhar nada com a vitória, suportamos morrer por uma causa que será vitoriosa, não por uma causa que será vencida. Para algo absolutamente desprovido de força, isso seria sobre-humano (discípulos de Cristo). A ideia da morte pede um contrapeso, e este contrapeso — excetuando-se a graça — só pode ser uma mentira.

A imaginação preenchida por vazios é essencialmente mentirosa. Ela exclui a terceira dimensão, pois apenas os objetos reais estão em três dimensões. Ela exclui as diversas correlações que há.

Tentemos definir as coisas que, embora realmente ocorram, permanecem em um sentido imaginário. Guerra. Crimes. Vingança. Desgraça extrema.

Os crimes na Espanha foram realmente cometidos e, no entanto, pareciam simples ostentação.

Realidades que não têm mais dimensões do que o sonho.

No mal, como nos sonhos, não há leituras múltiplas. Daí a simplicidade dos criminosos.

Crimes planos, como sonhos com dois lados: o lado do carrasco e o lado da vítima. O que é mais assustador do que morrer em um pesadelo?

Compensações. Caio Mário[31] imaginou uma vingança futura. Napoleão pensou na posteridade. Guilherme II[32] queria uma xícara de chá. Sua imaginação não estava fortemente ligada ao poder para sobreviver aos anos: ela simplesmente se transformou em uma xícara de chá.

Adoração dos grandes pelo povo no século 17 (La Bruyère[33]). Foi um efeito de preenchimento de vácuo da imaginação, um efeito que desapareceu assim que o dinheiro tomou seu lugar. Dois efeitos inferiores, ainda pior o dinheiro.

Em qualquer situação, se detivermos a imaginação realizadora, haverá vazio (pobres de espírito).

Em qualquer situação (mas, em algumas, qual o preço de tal rebaixamento?!) a imaginação pode preencher o vazio. É assim que os seres comuns podem ser prisioneiros, escravos, prostitutas, e passar por qualquer tipo de sofrimento sem purificação.

---

31 Caio Mário (157 a.C.-86 a.C.) foi um político da República Romana, conhecido como o "terceiro fundador de Roma" por suas inúmeras vitórias militares. (N. do T.)

32 Guilherme II (1859-1941) foi o último imperador alemão e rei da Prússia de 1888 até sua abdicação, em 1918. (N. do T.)

33 Referência à única obra do autor francês Jean de La Bruyère (1645-1696), *Les Caractères ou les Moeurs de ce Siècle* ("Personagens ou Costumes deste Século", em tradução livre), de 1688. (N. do T.)

Suspendamos continuamente em nosso interior o trabalho da imaginação que preenche o vazio. Se aceitarmos qualquer vazio, que reviravolta do destino pode nos impedir de amar o universo? Temos a certeza de que, aconteça o que acontecer, o universo estará pleno.

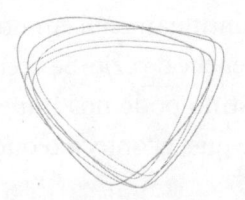

RENÚNCIA DO TEMPO

O tempo é uma imagem da eternidade, e também é um *ersatz*[34] da eternidade.

O avarento cujo tesouro foi levado. Trata-se do passado congelado que lhe tiraram. Passado e futuro, as únicas riquezas do homem.

O futuro preenche vazios. Às vezes, o passado também toma para si esse papel (eu era, eu fiz...). Em outros casos, o infortúnio torna intolerável a ideia de felicidade; ele então priva o infeliz de seu passado (*nessun maggior dolore...*[35]).

O passado e o futuro impedem o efeito salutar da infelicidade, ao fornecer um campo ilimitado para elevações imaginárias. É por isso que a renúncia ao passado e ao futuro é a primeira das renúncias.

---

34 "Substituto", em alemão. (N. do T.)
35 "*Nessun maggior dolore che ricordarsi del tempo felice nella miseria*", citação de uma passagem de "O inferno", de Dante Alighieri (1265-1321). "Não (há) dor maior do que se recordar da miséria dos tempos felizes de outrora", em português. (N. do T.)

O presente não recebe finalidade. Nem o futuro, pois é apenas o que será presente. Mas não sabemos disso. Se trazemos para o presente o ápice desse desejo em nós que corresponde à finalidade, ele penetrará até a eternidade.

Essa é a utilidade do desespero que nos desvia do futuro.

Quando nos decepcionamos com um prazer que esperávamos e se realiza, a causa do desapontamento é nossa expectativa em relação ao futuro. E, uma vez realizado, faz-se presente. O futuro teria que se realizar sem deixar de ser futuro. Um absurdo que só a eternidade pode curar.

O tempo e a caverna. Saiamos da caverna, desapegar-se consiste em não mais se orientar na direção do futuro.

Um modo de purificação: rogar a Deus, não só se mantendo segredo em relação aos homens, como também pensando que Deus não existe[36].

Piedade para com os mortos: façamos tudo por aquilo que não existe.

A dor da morte dos outros é essa dor do vazio, do desequilíbrio. A partir de então, esforços sem objetivo e, portanto, sem recompensa. Se a imaginação compensar, surge o rebaixamento. "Deixe que os mortos enterrem seus mortos." E sua própria morte, não é a mesma coisa? O objeto e a recompensa estão no futuro. Privação de futuro, vazio, desequilíbrio. É por isso que "filosofar é aprender a morrer". É por isso que "rezar é como uma morte".

Quando a dor e o cansaço chegam a ponto de fazer surgir na alma o sentimento da perpetuidade, ao contemplar essa perpetuidade com aceitação e amor, somos arrebatados até a eternidade.

---

36 De fato, Deus não existe à maneira das coisas criadas que constituem, para nossas faculdades naturais, o único objeto de experiência. Além disso, o contato com a realidade sobrenatural é experimentado primeiro como uma experiência do nada. (Nota do editor do original.)

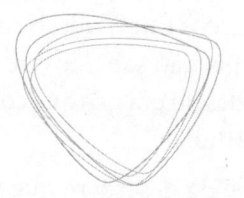

DESEJAR SEM OBJETO

A purificação é a separação do bem e da cobiça.

Desçamos até a origem dos desejos para arrebatar a energia de seu objeto. É ali que os desejos são reais, tal qual energia. É o objeto que é falso. Mas há um arrebatamento indescritível na alma com a separação de um desejo de seu objeto.

Se descermos até o interior de nós mesmos, descobriremos que possuímos exatamente o que desejamos.

Se desejamos tal ser (morto), desejamos um ser específico, limitado? É, portanto, necessariamente um mortal, e desejamos *aquele* ser, *aquele* ser que isso... que aquilo... etc., enfim, aquele ser que morreu, em determinado dia, em determinada hora. E nós o possuímos — morto.

Se desejamos dinheiro, desejamos uma moeda (instituição), algo que só pode ser adquirido em tal e tal condição, portanto, só o desejamos em certa medida que... Ora, nessa medida específica, já o temos.

O sofrimento e o vazio são, nesses casos, a forma de existência dos objetos do desejo. Deixemos o véu da irrealidade ser levantado e veremos que eles nos são dados exatamente dessa maneira.

Quando os vemos, ainda sofremos, mas ficamos felizes.

Se chegássemos a saber exatamente o que o avarento cujo tesouro foi roubado perdeu, aprenderíamos muito.

Lauzun[37] e o cargo de chefe dos mosqueteiros. Preferiu ser prisioneiro e líder dos mosqueteiros do que livre, sem liderar.

Tudo isso não passa de vestuário. "Eles tinham vergonha por estarem nus."

Perder alguém: sofremos porque o morto, o ausente, tornou-se imaginário, falso. Mas o desejo que temos por ele não é imaginário. Desçamos para dentro de nós mesmos, em que reside o desejo que não é imaginário. Fome: imaginamos alimentos, mas a fome em si é real; agarremos a fome. A presença dos mortos é imaginária, mas sua ausência é verdadeiramente real? Ela é, a partir de então, sua maneira de aparecer.

Não devemos procurar o vazio, pois seria o mesmo que seduzir Deus em vez de contar com o pão sobrenatural para preenchê-lo.

Tampouco é preciso fugir dele.

O vazio é a plenitude suprema, mas o homem não tem o direito de conhecê-lo. A prova é que o próprio Cristo o ignorou completamente em certo momento. Uma parte de mim deve saber disso, mas as outras não, pois se soubessem, à sua maneira vil, não haveria mais vazio.

Cristo vivenciou toda a miséria humana, à exceção do pecado. Mas ele tinha tudo o que torna o homem capaz de pecar. O que torna o homem capaz de pecar é o vazio. Todos os pecados são tentativas de preencher vazios. Assim, minha vida tomada por máculas está próxima da vida perfeitamente pura Dele, assim como

---

[37] Prisão em que esteve o conde d'Artagnan (ca. 1611-1673), tornado célebre na obra Os Três Mosqueteiros (*Les Trois Mousquetaires*), do escritor francês Alexandre Dumas (1802-1870). (N. do T.)

das extremamente inferiores. Por mais baixo que eu caia, não vou me afastar dele. Mas, se eu cair, não serei mais capaz de saber disso.

O aperto de mão de um amigo reencontrado depois de uma longa ausência. Nem sequer percebo se é um prazer ou uma dor para o tato: como o cego sente diretamente os objetos na ponta de sua bengala, eu sinto diretamente a presença do amigo. O mesmo ocorre com as circunstâncias da vida, sejam elas quais forem, e Deus.

Isso implica que nunca devemos buscar consolo na dor. Pois a felicidade está além do domínio do consolo e da dor. Ela é percebida com outro sentido, assim como a percepção de objetos na ponta de uma bengala ou de um instrumento é diferente do próprio toque. Esse outro sentido é formado pelo deslocamento da atenção por meio de um aprendizado em que participam toda a alma e o corpo.

É por isso que se lê no *Evangelho*: "Digo-vos que estes já receberam sua paga". Não há necessidade de indenização. É o vazio na sensibilidade que vai além da sensibilidade.

O renegar de São Pedro. Dizer a Cristo "permanecer-lhe-ei fiel" já é renegá-lo, pois era supor em si mesmo, e não na graça, a fonte da fidelidade. Felizmente, como ele fora eleito, o seu renegar se tornou evidente para todos, assim como para ele. Em quantos outros tal presunção se torna realidade — e nunca chegam a compreender.

Era difícil ser fiel a Cristo. Era uma fidelidade vazia. Muito mais fácil ser fiel até a morte a Napoleão. Muito mais fácil para os mártires posteriores serem fiéis, porque já havia a Igreja, uma força, com promessas temporais. Morre-se pelo que é forte, não pelo que é fraco, ou pelo menos pelo que, sendo momentaneamente fraco, retém uma aura de... força. A lealdade a Napoleão em Santa Helena não era uma lealdade vazia. Morrer pelo que é forte faz com que a morte perca sua amargura. E, ao mesmo tempo, todo o seu valor.

Implorar a um homem é uma tentativa desesperada de forçar o próprio sistema de valores na mente de outra pessoa. Implorar a Deus é o contrário: uma tentativa de transmitir valores divinos à própria alma. Longe de pensar o mais intensamente possível sobre os valores aos quais nos apegamos, trata-se de um vazio interior.

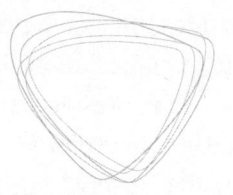

O EU

Não temos nada no mundo — pois o acaso pode nos tirar tudo — além do poder de dizer eu. Isso é o que deve ser dado a Deus, ou seja, destruído. Não há absolutamente nenhum outro ato livre que nos seja permitido, à exceção da destruição do eu.

Oferenda: não se pode oferecer outra coisa senão o eu, e tudo a que chamamos oferenda nada mais é do que um rótulo colocado sobre uma revanche do eu.

Nada no mundo pode tirar nosso poder de dizer eu. Nada, a não ser a extrema infelicidade. Nada é pior do que a infelicidade extrema, que, de fora, destrói o eu, já que, a partir de então, não podemos mais destruí-la sozinhos. O que acontece com aqueles cujo infortúnio destruiu, de fora, o eu? Apenas podemos imaginar, em seu lugar, sua aniquilação, à vista de uma concepção ateísta ou materialista.

O fato de terem perdido o eu não significa que não tenham mais egoísmo. Pelo contrário. Certamente, isso acontece às vezes, quando há uma devoção canina. Mas, em outras vezes, o ser é, ao contrário, reduzido a um egoísmo cru, vegetativo. Um egoísmo sem eu.

Mesmo que tenhamos iniciado o processo de destruição do eu, podemos evitar que qualquer infelicidade nos faça mal. Pois o eu não é destruído por uma pressão externa sem uma extrema revolta. Se alguém recusa tal revolta por amor a Deus, então a destruição do eu não ocorre de fora, e sim de dentro.

Dor redentora. Quando o ser humano está no estado de perfeição, quando com a ajuda da graça ele destruiu completamente o eu em si mesmo, então cai no grau de infelicidade que corresponderia, para ele, à destruição do eu a partir de fora, eis aí a plenitude da cruz. A infelicidade não pode mais destruir o eu nele, pois o eu nele não existe mais, tendo desaparecido inteiramente e dado lugar a Deus. Mas o infortúnio produz um efeito equivalente, no plano da perfeição, à destruição externa do eu. Ele produz a ausência de Deus. "Meu Deus, por que me abandonou?"

O que é essa ausência de Deus produzida pela extrema infelicidade em uma alma perfeita? Que valor é esse que lhe atribuem, e que se chama dor redentora?

É por intermédio da dor redentora que o mal adquire realmente a plenitude de sê-lo, em toda a extensão que podemos recebê-lo.

Por meio da dor redentora, Deus está presente no mal extremo. Pois a ausência de Deus é a forma da presença divina que corresponde ao mal — a ausência sentida. Aquele que não tem Deus dentro de si não pode sentir sua ausência.

É a pureza, a perfeição, a plenitude, o abismo do mal. Considerando que o inferno é um falso abismo (cf. Thibon). O inferno é superficial. O inferno é o nada que reivindica e confere a ilusão de ser.

A destruição puramente exterior do eu é uma dor quase infernal. A destruição exterior à qual a alma se associa pelo amor é a dor expiatória. A produção da ausência de Deus na alma completamente esvaziada de si mesma pelo amor é a dor redentora.

Na infelicidade, o instinto vital sobrevive aos apegos rompidos e se agarra cegamente a tudo o que lhe possa servir de suporte, como a planta se agarra às suas gavinhas. O reconhecimento (se não for de forma inferior) e a justiça não são concebíveis nesse estado. Escravidão. Não há mais quantidades adicionais de energia que sustentem o livre-arbítrio, por meio do qual o homem consegue se distanciar. A infelicidade, sob esse aspecto, é hedionda como sempre há de ser a vida estéril, como um toco de madeira, como um enxame de insetos. Vida sem forma. Nesse caso, a sobrevivência é o único apego. É aí que começa a extrema infelicidade, quando todos os apegos são substituídos pelo apego da sobrevivência. O apego então aparece sem subterfúgios. Sem outro objeto além de si mesmo. Inferno.

É por meio desse mecanismo que, aos infelizes, nada parece doce além da vida, por mais que sua vida não seja preferível à morte.

Nessa situação, aceitar a morte é o completo desapego.

"Quase-inferno" na terra. Extremo desenraizamento na infelicidade.

A injustiça humana geralmente não produz mártires, e sim quase condenados. Os seres caídos no "quase inferno" são como o homem despojado e ferido pelos ladrões. Eles perderam a vestimenta do caráter.

O maior sofrimento que deixa as raízes subsistirem ainda está a uma distância infinita do "quase inferno".

Quando alguém presta serviço a seres assim desenraizados e recebe em troca maus-tratos, ingratidões, traições, apenas sofre uma pequena parte de seu infortúnio. Temos o dever de nos expor a tais efeitos, de maneira limitada, assim como temos o poder de nos expor ao infortúnio. Quando isso acontece, devemos suportá-los como se suporta o infortúnio, sem atribuí-los a pessoas específicas, porque nada disso está ligado a esses seres. Há algo de impessoal na infelicidade quase infernal, assim como ocorre na perfeição.

Para aqueles cujo eu está morto, nada pode ser feito, absolutamente nada. Mas nunca se sabe se, em um determinado ser humano, o eu está completamente morto ou simplesmente inanimado. Se ele não está completamente morto, o amor pode ressuscitá-lo, como por efeito de uma injeção, mas apenas o amor puro, sem o menor traço de condescendência, pois o mínimo vestígio de desprezo precipitará a morte.

Quando o eu é ferido externamente, primeiro ele passa pela mais extrema, pela mais amarga revolta, como um animal que está se debatendo. Mas assim que o eu está meio morto, ele deseja voltar a ser completo e se deixa desfalecer. Se, então, um toque de amor o desperta, sente uma dor extrema que produz raiva e, às vezes, ódio contra aquele que causou essa dor. Por isso, nos seres caídos, vê-se essas reações aparentemente inexplicáveis de vingança contra seus benfeitores.

Pode também acontecer de o amor, no benfeitor, não ser puro. Então o eu, ao ser ferido pelo desprezo — logo depois de ter sido despertado pelo amor — faz surgir o ódio mais amargo, o ódio legítimo.

Aquele em quem o eu está completamente morto, ao contrário, não se incomoda de modo algum com o amor que lhe é demonstrado. Assim como cães e gatos que recebem comida, afeto e carícias, ele se deixa levar, desejando recebê-los na maior quantidade possível. Dependendo do caso, ele se apega como um cachorro ou se deixa levar com uma espécie de indiferença, como um gato. Sorve sem o menor escrúpulo toda a energia de quem cuida dele.

Infelizmente, qualquer obra de caridade corre o risco de ter como cliente uma maioria de pessoas sem escrúpulos ou, sobretudo, seres cujo eu está morto.

O eu é morto mais rapidamente à medida que aquele que sofre tal infortúnio tem um caráter mais fraco. Mais exatamente, a "infelicidade limite", a infelicidade destrutiva do eu que se situa mais ou menos distante conforme o temperamento do caráter, e quanto mais longe ela se situa, mais dizemos que o caráter é forte.

A situação mais ou menos distante desse "limite" é provavelmente um fato da natureza, como a facilidade para a matemática, e aquele que, não tendo fé, orgulha-se de ter mantido um "bom moral" em circunstâncias difíceis não tem mais razão do que o adolescente que se orgulha de ser bom em matemática. Aquele que acredita em Deus corre o risco de uma ilusão ainda maior, atribuindo à graça o que se trata apenas de um efeito natural, essencialmente mecânico.

A angústia da extrema infelicidade é a destruição exterior do eu. Arnolfo[38], Fedra[39], Licaonte[40]. Temos razão em nos ajoelhar, em suplicar de forma desprezível, quando a morte violenta que está prestes a se abater sobre nós deve matar o eu externo, antes mesmo que a vida seja destruída.

"Níobe[41], com seus lindos cabelos, também pensava em comer." Frase sublime, como o espaço nos afrescos de Giotto[42].

Uma humilhação que nos obriga a renunciar até mesmo ao desespero.

O pecado em mim diz "eu".

Eu sou tudo. Mas esse "eu" — nele há Deus. E não se trata de um eu.

O mal faz tal distinção e impede que Deus seja equivalente a tudo.

É a minha miséria que faz com que eu seja *esse* eu. É a miséria do universo que faz de Deus, em certo sentido, eu (ou seja, uma pessoa).

Os fariseus eram pessoas que confiavam na própria força para ser virtuosos.

---

38 Personagem da peça *Escola de Mulheres* (*L'école des Femmes*), do dramaturgo francês Molière (1622-1673). (N. do T.)
39 Protagonista da tragédia de mesmo nome, escrita pelo dramaturgo francês Jean Racine (1639-1699). (N. do T.)
40 Personagem da mitologia grega, filho de Pelasgo, primeiro rei mítico da Arcádia, uma província da Grécia Antiga. (N. do T.)
41 Rainha mitológica da cidade grega de Tebas, também conhecida como neta de Zeus. (N. do T.)
42 Giotto di Bondone (?-1337), conhecido por Giotto, foi um pintor e arquiteto italiano. (N. do T.)

A humildade consiste em saber que não existe nenhuma fonte de energia que permita ascender naquilo que se chama de "eu".

Tudo o que há de precioso em mim, sem exceção, vem de outro lugar que não eu, não como um dom, e sim como um empréstimo que deve ser renovado constantemente. Tudo em mim, sem exceção, é absolutamente inútil? E, entre os dons vindos de fora, tudo de que me aproprio imediatamente se torna inútil.

A alegria perfeita exclui o próprio sentimento de alegria, porque na alma preenchida pelo objeto não há espaço disponível para dizer "eu".

Não imaginamos tais alegrias quando elas estão ausentes e, por isso, falta-nos o estímulo para procurá-las.

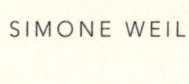

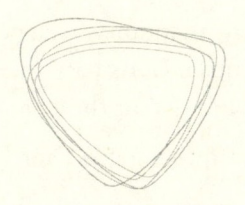

DESCRIAÇÃO

Descriação: introduzir aquilo que é criado no não criado.

Destruição: introduzir aquilo que é criado no nada. *Ersatz* culpado da descriação.

A criação é um ato de amor e é algo perpétuo. A cada instante, nossa existência é o amor de Deus por nós. Mas Deus só pode amar a si mesmo. Seu amor por nós é amor por si mesmo por meio de nós. Assim, aquele que nos dá o ser ama em nós o consentimento de não ser.

Nossa existência é constituída apenas de sua expectativa, de nosso consentimento em não existir.

Ele nos implora essa existência dada por Ele. E essa existência nos é oferecida por Ele, a fim de que Ele possa nos implorar por ela.

A necessidade inflexível, a miséria, a angústia, o peso esmagador da necessidade e do trabalho exaustivo, a crueldade, a tortura, a morte violenta, a coerção, o terror, as doenças — tudo isso é amor divino. É Deus que, por amor, afasta-se de nós para que possamos amá-lo. Porque se estivéssemos expostos à irradiação direta do seu amor, sem a proteção do espaço, do tempo e da matéria, será que evaporaríamos como a água sob o sol? Não haveria eu suficiente em nós para abandonar o eu por amor. A necessidade é a tela colocada entre nós e Deus para que possamos ser. Cabe a nós perfurar essa tela para deixar de ser.

Existe uma força "que foge de Deus". Caso contrário, tudo seria Deus.

O homem recebeu uma divindade imaginária para que, como Cristo, possa se despojar de sua divindade real.

Renúncia. Imitação da renúncia de Deus na criação. Deus renuncia — em certo sentido — a ser tudo. Temos que desistir de ser algo. É o único bem que nos cabe.

Somos barris sem fundo até que tenhamos compreendido que temos fundo.

Elevação e rebaixamento. Uma mulher que se olha no espelho e se enfeita não sente vergonha de se rebaixar, esse ser infinito que olha para todas as coisas, em um espaço diminuto. Da mesma maneira, toda vez que elevamos nosso eu (o eu social, psicológico etc.) tão alto quanto possível, acabamos nos degradando infinitamente, reduzindo-nos a apenas esse eu. Quando o eu é rebaixado (a menos que a energia tenda a elevá-lo no desejo), sabemos que não somos esse eu.

Uma mulher muito bonita que olha para sua imagem no espelho pode muito bem acreditar que ela é apenas aquilo. Uma mulher feia sabe que não é apenas sua imagem.

Tudo o que é apreendido pelas faculdades naturais é hipotético. Apenas o amor sobrenatural cria. Portanto, somos cocriadores.

Participamos da criação do mundo descriando a nós mesmos.

Só possuímos aquilo de que abdicamos. Tudo aquilo de que não abrimos mão nos escapa. Nesse sentido, não se pode possuir nada sem passar por Deus.

Comunhão católica. Deus não se fez carne apenas uma vez, torna-se matéria todos os dias para se entregar ao homem e ser por ele consumido. Reciprocamente, pelo cansaço, pelo infortúnio, pela morte, o homem se torna matéria e é consumido por Deus. Como recusar essa reciprocidade?

Ele se esvaziou de sua divindade. Devemos nos esvaziar da falsa divindade com a qual nascemos.

Uma vez que tenhamos compreendido que não somos nada, o objetivo de todos os nossos esforços é nos tornar nada. É para esse fim que se sofre com a aceitação, é para esse fim que se age, é para esse fim que se reza.

Meu Deus, conceda-me tornar-me nada.

À medida que eu me torno nada, Deus ama a si mesmo por intermédio de mim.

O que está abaixo se assemelha ao que está acima. Assim, a escravidão é uma imagem da obediência a Deus, a humilhação é uma imagem da humildade, a necessidade física, uma imagem do impulso irresistível da graça, o abandono cotidiano dos santos, uma imagem da fragmentação do tempo nos criminosos, nas prostitutas etc.

Assim, como imagem, é preciso buscar o que há de mais inferior.

Que aquilo que é inferior em nós desça para que aquilo que é elevado possa subir. Porque nós retornamos. Nascemos assim. Restaurar a ordem é desfazer a criatura dentro de nós.

Inversão do objetivo e do subjetivo.

Do mesmo modo, reversão do positivo e do negativo. Esse é também o significado da filosofia dos Upanixades.

Nascemos e vivemos na direção errada, porque nascemos e vivemos no pecado, que é uma inversão da hierarquia. A primeira operação é a reversão. A conversão.

Se o grão morrer... Ele deve morrer para liberar a energia que carrega dentro de si, para que se formem outras combinações.

Da mesma forma, devemos morrer para liberar a energia apegada, para possuir uma energia livre, capaz de adotar a verdadeira relação das coisas.

A extrema dificuldade que muitas vezes sinto em realizar a menor das ações é um favor que me é feito. Pois assim, com ações ordinárias e sem chamar a atenção, posso cortar as raízes da árvore. Por mais distante que estejamos da opinião pública, as ações extraordinárias contêm um estímulo que não podemos remover. Esse incentivo está totalmente ausente das ações ordinárias. Encontrar uma dificuldade extraordinária em realizar uma ação comum é um favor pelo qual devemos ser gratos. Não deveríamos pedir pelo desaparecimento dessa dificuldade? Devemos implorar a graça de poder fazer uso dela.

De modo geral, não deseje o desaparecimento de nenhuma das suas misérias, e sim a graça que as transfigura.

Os sofrimentos físicos (e as privações) costumam ser, para os homens corajosos, um teste de resistência e coragem. Mas há um melhor uso deles. Portanto, que eles não sejam assim para mim. Que sejam um testemunho sensível da miséria humana. Que eu me submeta a eles de maneira totalmente passiva. Aconteça o que acontecer, como poderia eu achar a infelicidade grande demais, já que a mordida da infelicidade e a humilhação a que ela nos condena permitem o conhecimento da miséria humana, conhecimento que é a porta de toda a sabedoria?

Mas o prazer, a felicidade, a prosperidade — se soubermos reconhecer neles o que lhes é externo (do acaso, das circunstâncias etc.) — também testemunham a miséria humana. Por isso, use-os também. E mesmo a graça, como fenômeno sensível...

Ser nada para estar em seu verdadeiro lugar no todo.

A renúncia exige que se passe por angústias equivalentes àquelas que, na realidade, causariam a perda de todos os entes queridos e todos os bens, incluindo as faculdades e aquisições da ordem da inteligência e do caráter, opiniões e crenças sobre o que é bom e o que é estável etc. E não devemos retirar nada disso de nós mesmos, e sim perder o todo — como Jó. No entanto, a energia assim cortada de seu objeto não deve ser desperdiçada em oscilações, degradada. A angústia deve ser, portanto, ainda maior do que no verdadeiro infortúnio, não deve ser fragmentada no tempo ou direcionada para qualquer tipo de esperança.

Quando a paixão do amor vai tão longe quanto a energia vegetativa, então temos casos como o de Fedra, Arnolfo etc. "E eu sinto lá dentro que terei que morrer..."

Hipólito[43] é realmente mais necessário à vida de Fedra, no sentido mais literal, do que a comida.

Para que o amor de Deus penetre tão baixo, a natureza deve ter sofrido a maior das violências. Jó, cruz...

O amor de Fedra e de Arnolfo é impuro. Um amor tão baixo seria puro...

Torne-se nada até o nível vegetativo; é então que Deus se torna pão.

Se nos vemos em um momento fixo — o momento presente, separado do passado e do futuro — somos inocentes. Só podemos ser o que somos neste instante: todo progresso implica uma duração. É na ordem do mundo, neste momento, que somos assim.

Isolar-se por um momento implica perdão. Esse isolamento é desapego.

Existem apenas dois momentos de perfeito despojamento e pureza na vida humana: o nascimento e a morte. Podemos adorar a Deus sob a forma humana sem contaminar a divindade apenas como recém-nascidos e moribundos.

Morte. Estado instantâneo, sem passado nem futuro. Essencial para o acesso à eternidade.

Se encontramos a plenitude da alegria no pensamento de que Deus existe, devemos encontrar a mesma plenitude no conhecimento de que nós mesmos não existimos, pois se trata do mesmo pensamento. E esse conhecimento é estendido à sensibilidade apenas no sofrimento e na morte.

Alegria em Deus. Há alegria verdadeiramente perfeita e infinita em Deus. A minha participação nada pode acrescentar, a minha não participação nada tira da realidade dessa alegria perfeita

---

43 Enteado de Fedra, por quem esta se apaixona. (N. do T.)

e infinita. Então, o que importa se eu deveria fazer parte dela ou não? Importância nula.

Aqueles que desejam sua salvação realmente não acreditam na realidade da alegria em Deus.

A crença na imortalidade é prejudicial porque não está em nosso poder representar a alma para nós mesmos como verdadeiramente incorpórea. Portanto, essa crença é de fato uma crença no prolongamento da vida, e acaba por eliminar a utilidade da morte.

Presença de Deus. Isso deve ser entendido de duas maneiras. Enquanto criador, Deus está presente em tudo o que existe, desde que algo exista. A presença para a qual Deus precisa da cooperação da criatura é a presença de Deus, não enquanto Criador, e sim enquanto Espírito. A primeira presença é a presença da criação. A segunda é a presença da descriação ("Aquele que nos criou sem nós não nos salvará sem nós." Santo Agostinho).

Deus só poderia criar se ocultando. Caso contrário, só existiria Ele.

A santidade também deve, portanto, ser oculta, até mesmo da consciência, em determinada medida. E, além disso, deve estar oculta em meio ao mundo.

Ser e ter. O homem não precisa ser, ele só precisa ter. O ser do homem está situado atrás da cortina, do lado do sobrenatural. Aquilo que ele pode conhecer de si mesmo é apenas o que lhe é emprestado pelas circunstâncias. O eu está escondido para mim (e para os outros)? Ele está do lado de Deus, ele está em Deus, ele é Deus. Ter orgulho é se esquecer de que somos Deus... A cortina é a miséria humana: houve uma cortina até mesmo para Cristo.

Jó. Satanás, para Deus: ele o ama de graça? Esse é o nível do amor. O amor está situado no nível das ovelhas, dos campos de trigo, dos muitos filhos? Ou mais adiante, na terceira dimensão, atrás? Por mais profundo que seja esse amor, há um momento de ruptura em que ele sucumbe, e é o momento que transforma, que arranca o finito em direção ao infinito, que torna transcendente na alma o amor da alma a Deus. É a morte da alma. Ai daquele a quem a morte do corpo precede a da alma?! A alma que não está cheia de amor tem uma morte ruim. Por que é preciso que uma morte assim caia indiscriminadamente? É assim que deve ser. Tudo deve cair indistintamente.

A aparência se apega ao ser, e só a dor pode separá-los.

Qualquer um que tenha ser não pode ter aparência. A aparência acorrenta o ser.

O curso do tempo arranca o aparecer do ser e o ser do aparecer, por meio da violência. O tempo manifesta aquilo que não é a eternidade.

Temos que arrancar nossas raízes. Cortemos a árvore e façamos uma cruz com ela e, então, usemos essa cruz todos os dias.

Não é preciso haver eu, e menos ainda nós.

A comunidade nos dá a sensação de estar em casa.

Tomemos essa sensação de estar em casa no exílio.

De estar enraizados na ausência de lugar.

Arranquemos nossas raízes sociais e vegetais.

Exilemo-nos de qualquer pátria terrena.

Fazer tudo isso para os outros, a partir do exterior, é uma descrição *ersatz*. É produzir o irreal.

Mas, ao arrancar nossas raízes, buscamos uma realidade mais concreta.

APAGAMENTO

Deus me deu o ser para que eu o devolvesse a Ele. Trata-se de algo como uma daquelas armadilhas que vemos nos contos de fadas e nas histórias iniciáticas. Se eu aceitar esse presente, ele será ruim e fatal? Sua virtude aparece por intermédio da recusa. Deus me permite que eu exista separado dele. Cabe a mim recusar essa autorização.

A humildade é a recusa de existir separado de Deus. A rainha das virtudes.

O eu é apenas a sombra projetada pelo pecado e pelo erro que bloqueiam a luz de Deus e que eu acabo tomando por um ser.

Mesmo se pudéssemos ser como Deus, seria muito melhor ser lama, desde que obedecêssemos a Deus.

O que um lápis é para mim quando, de olhos fechados, apalpo a mesa com sua ponta — que eu seja isso para Cristo. Temos a possibilidade de ser mediadores entre Deus e a parte da criação que nos é confiada. É preciso nosso consentimento para que, por nós, Ele possa perceber a própria criação. Com nosso consentimento, ele faz tal maravilha. Bastaria que eu soubesse me retirar de minha própria alma para que esta mesa diante de mim tivesse a sorte incomparável de ser vista por Deus. Deus só é capaz de amar em nós esse nosso consentimento de nos retirar a fim de deixá-lo passar, como ele mesmo, criador, retirou-se para nos deixar ser. Essa dupla operação não tem outro sentido senão o amor, pois o pai dá a seu filho aquilo que lhe permitirá oferecer como presente no dia do aniversário do pai. Deus, que nada mais é do que amor, não criou nada além de amor.

Todas as coisas que eu vejo, ouço, respiro, toco, como, todos os seres que encontro, eu privo tudo isso do contato com Deus, e privo Deus do contato com tudo isso à medida que algo em mim diz *eu*.

Posso fazer algo por tudo isso e por Deus, ou seja, retirar-me, respeitar esse cara a cara.

O cumprimento estrito do dever meramente humano é uma condição para que eu possa me retirar. Pouco a pouco, Ele desgasta as cordas que me mantêm no lugar e me impedem de fazê-lo.

Não sou capaz de conceber a necessidade de Deus me amar, já que sinto tão claramente que, mesmo entre os seres humanos, a afeição por mim só pode ser um erro. Mas consigo imaginar sem dificuldade que ele goste dessa perspectiva de criação que só podemos ter do ponto em que me encontro. Mas eu me coloco como anteparo.

Tenho que dar um passo para trás para que ele possa vislumbrar essa perspectiva.

Tenho que me retirar para que Deus, que me ama, possa entrar em contato com os seres que o acaso coloca em meu caminho. Minha presença é indiscreta, como se eu estivesse entre dois namorados ou dois amigos. Não sou a jovem que espera um noivo, e sim uma terceira, inoportuna, que está na companhia de dois noivos e deve partir para que fiquem verdadeiramente juntos.

Se apenas eu soubesse como desaparecer, haveria a perfeita união de amor entre Deus e a terra em que ando, o mar que ouço...

De que importa haver em mim energia, dons etc.? Ainda tenho o suficiente para desaparecer.

"E a morte, a meus olhos, arrebatando a clareza,
Devolve ao dia que eles contaminavam toda a sua pureza..."

Que eu desapareça para que essas coisas que vejo se transformem, pois elas não mais serão coisas que vejo, perfeitamente belas.

Eu não desejo, de modo algum, que este mundo criado não me seja mais sensível, mas que não seja a mim que ele seja sensível. Para mim, ele não pode contar seu segredo, que é elevado demais. Que eu parta, e o criador e a criatura trocarão seus segredos.

Vejamos uma paisagem como ela é quando eu não estou lá...

Quando estou em algum lugar, contamino o silêncio do céu e da terra com a minha respiração e as batidas do meu coração.

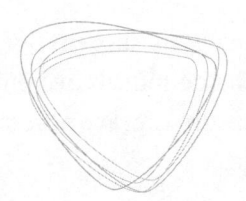

A NECESSIDADE E A OBEDIÊNCIA

O sol brilha sobre os justos e os injustos... Deus se faz necessário. Duas faces da necessidade exercida e sofrida. Sol e cruz.

Aceitemos estar sujeitos à necessidade, agindo apenas ao lidar com ela.

Subordinação: economia de energia. Graças a ela, um ato de heroísmo pode ser realizado sem que aquele que manda ou aquele que obedece precisem ser heróis.

Conseguir receber ordens de Deus.

Em que casos a luta contra uma tentação esgota a energia ligada ao bem, e em que casos a eleva a ponto de a energia ter apenas qualidades?

Tudo isso deve depender da importância respectiva dos papéis da vontade e da atenção.

É preciso merecer sofrer um constrangimento, pela força do amor.

A obediência é a virtude suprema. Amemos a necessidade. A necessidade é o que há de mais baixo em relação ao indivíduo (constrangimento, força, uma "grave necessidade"); a necessidade universal há de liberá-la.

Há casos em que algo é necessário simplesmente por ser possível. Assim, comemos quando temos fome, damos água a um ferido morrendo de sede, pois a água está próxima de nós. Nem um bandido nem um santo se negariam a fazê-lo.

Por analogia, havemos de discernir os casos em que a possibilidade implique uma necessidade, embora não pareça tão claramente à primeira vista. Ajamos nesses casos, e não em outros.

A semente da romã. Não nos comprometemos a amar a Deus, concordamos com o engajamento que se operou em nós sem a presença do eu.

Façamos apenas, em termos de atos de virtude, aqueles que não podemos evitar, aqueles que não podemos deixar de fazer, mas aumentemos sem cessar — por meio de uma atenção bem focada — a quantidade de atos virtuosos que não podemos evitar de fazer.

Não demos um passo sequer, mesmo para o bem, além do que Deus nos exorta irresistivelmente a fazer, e isso tanto em ações como em palavras e pensamentos. Mas estejamos preparados para ir a qualquer lugar sob seu impulso, até o limite (a cruz...). Estar disposto a tudo é rezar para ser impulsionado, mas sem saber para onde.

Se a minha salvação eterna estivesse sobre esta mesa na forma de um objeto e bastasse estendê-la para agarrá-la, eu não estenderia a mão sem que me ordenassem a fazê-lo.

Desapego dos frutos da ação. Evitemos essa fatalidade. Como?

Ajamos, não por um objeto, e sim por uma necessidade. Não posso fazer de outra maneira. Não se trata de uma ação, e sim de uma espécie de passividade. Ação não atuante.

O escravo é, em certo sentido, um modelo (o mais baixo... o mais alto... sempre a mesma lei). A matéria também.

Movamos os motivos de nossas ações para fora de nós. Sejamos levados. As motivações completamente puras (ou as mais vis: sempre a mesma lei) aparecem como externas.

Para qualquer ato, que o consideremos sob o aspecto não do objeto, e sim do impulso. Não: para que fim? Sim: de onde ele vem?

"Estava nu e me destes de vestir." Esse dom é simplesmente um sinal do estado em que se encontravam os seres que assim agiram. Eles estavam em tal estado que não podiam deixar de alimentar os famintos, vestir os nus; eles não estavam fazendo isso por Cristo, eles não podiam deixar de fazê-lo porque a compaixão de Cristo estava neles. Como São Nicolau, que, caminhando com São Cassiano através da estepe russa para um encontro com Deus, não poderia perder a hora do encontro para ajudar um camponês a liberar seu carro atolado. O bem a realizar, praticamente a despeito do próprio ato, quase acompanhado de vergonha e remorso, não deixa de ser puro. Qualquer bem absolutamente puro escapa completamente à vontade. O bem é transcendente. Deus é o Bem.

"Estava com fome e me salvastes." Então quando, Senhor? Eles não sabiam disso. Não precisamos saber.

Não devemos ajudar o próximo por Cristo, mas por intermédio de Cristo. Que o eu desapareça de tal modo que o Cristo, por meio do intermediário formado por nossa alma e nosso corpo, ajude o próximo. Ser o escravo que seu senhor envia para socorrer esse desafortunado. A ajuda vem do mestre, mas é dirigida aos infelizes. Cristo não sofreu por seu Pai. Ele sofreu pelos homens pela vontade do Pai.

Não podemos dizer que o escravo prestes a ajudar vai fazê-lo por seu mestre. Ele não faz nada. Mesmo assim, para chegar até o desafortunado, ele andaria sobre pregos, descalço e, por isso, sofre, mas não faz nada. Pois é apenas um escravo.

"Somos escravos inúteis", ou seja, não fizemos nada.

De modo geral, para Deus, trata-se de uma péssima expressão. Deus não deve ser colocado no dativo.

Não cheguemos ao próximo para Deus, e sim sejamos impelidos por Deus até o próximo, como a flecha é impelida até o alvo pelo arqueiro.

Sejamos apenas um intermediário entre a terra não cultivada e o campo arado, entre os dados do problema e sua solução, entre a página em branco e o poema, entre o infeliz que tem fome e o infeliz saciado.

Em todas as coisas, só o que nos vem de fora, gratuitamente, de surpresa, como um dom do destino, sem que o tenhamos procurado, é pura alegria. Ao mesmo tempo, o verdadeiro bem só pode vir de fora, nunca de nosso esforço. Não podemos, de maneira nenhuma, produzir algo que seja melhor do que nós. Assim, o esforço verdadeiramente voltado para o bem não deve ser bem-sucedido; é depois de uma longa e estéril tensão que termina no desespero, quando já não se espera mais nada que, do exterior — que surpresa maravilhosa — advém o dom. Esse esforço foi o destruidor de uma parte da falsa plenitude que sobressai em nós. O vazio divino, mais pleno do que a plenitude, veio se instalar em nós.

A vontade de Deus. Como conhecê-la? Se nos deixarmos dominar pelo silêncio, se calarmos todos os desejos, todas as opiniões, e pensarmos com amor, com toda a alma e sem palavras, "seja feita a vossa vontade", então, aquilo que sentimos que devemos fazer — sem quaisquer incertezas e mesmo que, sob certos aspectos, pareça-nos um erro — é a vontade de Deus. Porque se lhe pedirmos pão, ele não nos dará pedras.

Critério convergente. Uma ação ou uma atitude em favor da qual a razão encontra vários motivos distintos e convergentes, mas que sentimos ir além de todas as razões reproduzíveis.

Na oração não devemos ter em vista nada em particular, a menos que tenhamos recebido alguma inspiração sobrenatural. Pois Deus é o ser universal. Certamente, ele desce até a esfera particular. Ele desceu, ele desce no ato da criação; da mesma forma, na encarnação, na Eucaristia, na inspiração etc. Mas é um movimento descendente, nunca um movimento ascendente, um movimento de Deus, não nosso. Só podemos fazer essa conexão quando Deus assim nos ordenar. Nosso papel é nos orientar na direção do universal.

Talvez seja essa a solução para a dificuldade de Berger[44] quanto à impossibilidade de vincular o relativo ao absoluto, o que é inviável por um movimento ascendente, mas é perfeitamente possível por um movimento descendente.

Nunca poderemos saber se foi Deus quem ordenou tal ou tal coisa. A intenção dirigida à obediência a Deus salva — o que quer que façamos — se colocarmos Deus infinitamente acima de nós mesmos, e condena — o que quer que façamos — se considerarmos Deus parte de nosso próprio coração. No primeiro caso, nunca pensamos que aquilo que fizemos, ou que estamos fazendo, ou o que faremos pode ser bom.

Proveito das tentações. É possível, de acordo com a relação entre a alma e o tempo. Contemplar um possível mal por muito tempo sem realizá-lo produz uma espécie de transubstanciação. Se resistimos ao mal com uma energia finita, essa energia se esgota em determinado tempo e, quando se esgota, acabamos por ceder. Se ficamos quietos e nos mantemos atentos, a tentação se esgota — e recolhemos a energia reordenada.

Se, mesmo assim, contemplamos um bem possível, da mesma maneira — imóveis e atentos — também se produz uma transubstanciação da energia, graças à qual executamos esse bem.

A transubstanciação de energia consiste no fato de que, para o bem, chega um momento em que não se pode deixar de realizá-la.

Daí também um critério do bem e do mal.

Cada criatura que alcançou a obediência perfeita constitui um modo singular, único e insubstituível da presença, do conhecimento e da operação de Deus no mundo.

Necessidade. Ver as relações das coisas, por si mesmo — incluindo os fins que carregamos dentro de nós — como um dos termos. A ação segue naturalmente.

---

44 Gaston Berger (1896-1960) foi um filósofo, futurólogo e membro do alto escalão do governo francês. (N. do T.)

Obediência: há dois tipos. Podemos obedecer à gravidade ou à relação das coisas. No primeiro caso, fazemos o que a imaginação plena de vazios nos incita a fazer. Podemos colocar nesse rol — e, muitas vezes, com grande verossimilhança — todos os rótulos, incluindo o bem e Deus. Se suspendemos o trabalho dessa imaginação plena e fixamos nossa atenção na relação entre as coisas, surge uma necessidade à qual não podemos deixar de obedecer. Até então, não temos nem a noção da necessidade nem o sentimento da obediência.

Assim, não podemos nos orgulhar do que realizamos, mesmo que realizemos maravilhas.

Resposta do marinheiro bretão ao jornalista que lhe perguntou como tinha conseguido produzir tal feito: "Era preciso!". Puro heroísmo. Encontramos tal coisa muito mais no povo do que em outros lugares.

A obediência é o único motivo puro, o único que, em nenhum grau, encerra em si mesmo a recompensa da ação e deixa todo o cuidado da recompensa ao Pai que está oculto, que tudo vê, mesmo oculto.

Desde que prestemos obediência a uma necessidade, e não a uma coerção (um vazio terrível entre os escravos).

O que quer que doemos, de nós mesmos, a outros ou a um grande objetivo, qualquer dor que suportemos, seja por pura obediência a uma concepção clara da relação das coisas e à necessidade, nos decidiremos sem qualquer esforço, mesmo que tenhamos que nos esforçar para conseguir esse feito. Não poderemos fazê-lo de outro modo, e não obteremos desse feito nenhum retorno, nenhum vazio a ser preenchido, nenhum desejo de recompensa, nenhum ressentimento, nenhuma humilhação.

A ação é o ponteiro indicador da balança. Não toque no ponteiro, e sim nos pesos. O mesmo acontece com as opiniões. Daí em diante, ou haverá confusão ou sofrimento.

Virgens loucas — isso significa que, no momento em que a pessoa percebe que há uma escolha a ser feita, a escolha já foi feita

— de uma maneira ou de outra. Muito mais real do que a alegoria de Hércules entre o vício e a virtude.

Quando, no homem, a natureza — separada de todo impulso carnal e privada de toda luz sobrenatural — realiza ações em conformidade com o que a luz sobrenatural imporia se estivesse presente, trata-se da plenitude da pureza. Esse é o ponto central da Paixão.

O relacionamento correto com Deus consiste, na contemplação, em amor e, na ação, em escravidão. Não misturemos as coisas. Atuemos como escravos contemplando com amor...

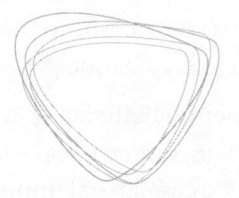

ILUSÕES

Nós pendemos para algo por acreditar que se trata de uma coisa boa e a ela permanecemos acorrentados por ter se tornado necessária.

As coisas sensíveis são reais enquanto coisas sensíveis, mas irreais enquanto bens.

A aparência tem a plenitude da realidade, mas como aparência. Como algo diferente da aparência, trata-se de um erro.

A ilusão das coisas deste mundo não diz respeito à sua existência, e sim ao seu valor. A imagem da caverna faz referência ao valor. Nós só possuímos sombras de imitações de bens. É também em relação ao bem que nos encontramos cativos, acorrentados (apego). Aceitamos os falsos valores que nos aparecem, e quando pensamos estar agindo, na verdade estamos imóveis, pois permanecemos no mesmo sistema de valores.

Atos efetivamente realizados e, no entanto, imaginários. Um homem tenta se suicidar, é salvo e não se torna mais desapegado do que era antes. Seu suicídio foi imaginário. O suicídio certamente sempre o é e, por isso, é proibido.

O tempo, estritamente falando, não existe (exceto o presente como limite), mas é a ele que estamos sujeitos. Assim é a nossa condição. Estamos sujeitos ao que não existe. Que se trate de uma duração que nos aflige passivamente — dor física, expectativa, arrependimento, remorso, medo — ou de tempo manipulado — ordem, método, necessidade — em ambos os casos aquilo a que estamos submetidos não existe. Mas nossa submissão existe. Estamos realmente presos por correntes irreais. O tempo, irreal, encobre todas as coisas — incluindo nós mesmos — de irrealidade.

O tesouro, para o avarento, é a sombra de uma imitação do bem. É duplamente irreal. Pois um meio (o dinheiro) já é, em si mesmo, algo diferente de um bem. Mas tirado de sua função de meio, ou seja, criado, está ainda mais longe de ser um bem.

É em relação aos juízos de valor que as sensações são irreais; é como valores que as coisas são irreais para nós. Mas a atribuição de um valor falso a um objeto também priva a percepção da realidade desse mesmo objeto, porque afoga a percepção na imaginação.

Assim, o desapego perfeito é a única maneira de ver as coisas nuas, fora dessa névoa de valores mentirosos e, por isso, foram necessárias úlceras e estrume para revelar a Jó a beleza do mundo. Porque não existe desapego sem dor. E não há dor suportada sem ódio e sem mentira, sem que haja também desapego.

A alma que se elevou ao céu devora o ser. Aquela que se encontra no interior devora a opinião.

A necessidade é essencialmente estranha ao imaginário.

As sensações não são aquilo que há de real na percepção e a distinguem do sonho, e sim a necessidade envolvida nessas mesmas sensações.

"Por que estas coisas e não aquelas outras?"

"Assim é."

Na vida espiritual, a ilusão e a verdade se distinguem da mesma maneira.

As sensações não são aquilo que há de real na percepção e a distinguem do sonho, e sim a necessidade.

Distinção entre aqueles que permanecem na caverna, fecham os olhos e imaginam a viagem e aqueles que a empreendem. Real e imaginário também no espiritual, e aqui também a necessidade é que faz a diferença. Não simplesmente o sofrimento, pois há sofrimentos imaginários. Quanto ao sentimento interior, não há nada mais enganoso.

Como distinguimos o imaginário do real no domínio espiritual?

Devemos preferir o inferno real ao paraíso imaginário.

O que distingue os estados elevados dos inferiores é, naqueles mais elevados, a coexistência de vários planos sobrepostos.

O objetivo da humildade é abolir o imaginário no progresso espiritual. Não há nenhum inconveniente em acreditar que estamos menos avançados do que realmente estamos: a luz, no entanto, continua a operar seus efeitos, cuja origem não reside na opinião. Muitos se julgam muito mais adiantados, pois assim a opinião tem um efeito.

Um critério da realidade é que ela é dura e áspera. Nela encontramos alegrias, mas não amenidades. O que é agradável é o devaneio.

Tentar amar sem imaginar. Amemos a aparência nua, sem interpretação. Então, o que amaremos será verdadeiramente Deus.

Depois de ter passado pelo bem absoluto, encontramos os bens ilusórios e parciais, mas em uma ordem hierárquica que fará com que aceitemos apenas a busca desse mesmo bem dentro do limite permitido pela preocupação com o outro. Essa ordem é transcendente em relação aos bens que ela conecta e é um reflexo do bem absoluto.

Já a razão discursiva (a compreensão das relações) ajuda a dissolver as idolatrias ao considerar os bens e os males como limitados, misturados e depositados uns sobre os outros.

Reconheçamos o ponto em que o bem passa a ser mal como, à medida que, ou em relação a etc.

Vamos muito além da regra de três.

Trata-se sempre de uma questão de relação com o tempo. Percamos a ilusão de posse do tempo. Tratemos de nos encarnar.

O homem deve fazer o ato de encarnar a si mesmo, pois ele é desencarnado pela imaginação. O que age em nós advindo de Satanás é a imaginação.

Remédio contra o amor imaginário. Receber Deus em si o mínimo absoluto, aquilo que não se pode de modo nenhum recusar — e desejar que um dia, o mais rápido possível, esse mínimo se torne tudo.

Transposição: acreditar que ascendemos porque, ao manter as tendências inferiores (por exemplo, o desejo de prevalecer sobre os outros), oferecemos-lhes objetos elevados.

Caso contrário, nós nos elevaríamos ao conectar inclinações elevadas a objetos baixos.

Há prodígios em todas as paixões. Um jogador é capaz de velar e jejuar quase como um santo, ter premonições etc.

É um grande perigo amar a Deus como um jogador ama o jogo.

Prestemos atenção ao nível em que colocamos o infinito. Se o colocarmos no nível em que o finito se encaixa sozinho, não importa o nome que lhe damos.

Minhas partes inferiores devem amar a Deus, mas não muito. Não seria Deus.

Que tais partes amem como temos sede e fome. Apenas o mais elevado tem o direito de ser saciado.

O temor a Deus em São João da Cruz. Não se trata do medo de pensar em Deus quando somos indignos? De contaminá-lo ao pensar da maneira incorreta? Em virtude desse medo, as partes inferiores se afastam de Deus.

A carne é perigosa à medida que se recusa a amar a Deus, e também à medida que, indiscretamente, intervém nesse amor.

Por que a vontade de lutar contra um preconceito é sinal certo de que se está impregnado dele? Ela advém, necessariamente, de uma obsessão. Constitui um esforço completamente estéril para conseguir se livrar dele. A luz da atenção em tal assunto é apenas eficaz, e não é compatível com uma intenção dúbia.

O freudismo como um todo está imbuído do preconceito que se propõe a combater, ou seja, de que o que é sexual é vil.

Há uma diferença essencial entre o místico que entrega a Deus a faculdade do amor e do desejo — cuja energia sexual constitui o fundamento fisiológico — e a falsa imitação do místico que, deixando a essa faculdade sua orientação natural e lhe dando um objeto imaginário, rotula esse mesmo objeto com o nome de Deus. A distinção entre essas duas operações — a segunda das quais ainda se encontra abaixo da libertinagem — é difícil, mas possível.

Deus e o sobrenatural estão ocultos e sem forma no universo. É bom que estejam escondidos e sem nome na alma. Caso contrário, correríamos o risco de ter sob esse nome certo imaginário (aqueles que alimentaram e vestiram Cristo não sabiam que se tratava do Cristo). Sentido dos mistérios antigos. O cristianismo (católicos e protestantes) fala demais sobre coisas sagradas.

Moral e literatura. Nossa vida real é mais de três quartos composta de imaginação e ficção. Raros são os contatos reais com o bem e o mal.

Uma ciência que não nos aproxima de Deus não vale nada.

Mas se ela faz com que nos aproximemos de forma incorreta, ou seja, aproximando-nos de um Deus imaginário, é ainda pior...

É difícil acreditar que eu seja o autor daquilo que a natureza opera mecanicamente em mim. Mas é ainda pior acreditar que o Espírito Santo seja o autor. O que está ainda mais longe da verdade.

Diferentes tipos de correlações e passagens entre opostos:

Por total devoção a uma grande coisa (incluindo Deus), permitamos toda licença à inferioridade em nós mesmos.

Ao contemplar a distância infinita entre nós mesmos e o que é grande, façamos do eu um instrumento de grandeza.

Qual o critério para diferenciá-los?

O único, creio eu, é que a má correlação torna ilimitado o que não deveria sê-lo.

Entre os homens (com exceção das formas supremas de santidade e genialidade), o que parece ser verdadeiro é quase necessariamente falso, e aquilo que é verdadeiro quase necessariamente parece ser falso.

É preciso determinado esforço para expressar o que é verdadeiro. Também para recebê-lo. Expressamos e recebemos o que é falso — pelo menos o que é superficial — sem esforço.

Quando o verdadeiro parece pelo menos tão verdadeiro quanto o falso, eis o triunfo da santidade ou do genial. Assim São Francisco fazia com que seus ouvintes chorassem como um pregador ordinário e teatral.

A duração, seja ela expressa nos séculos das civilizações ou nos anos e décadas dos indivíduos, tem uma função darwiniana de eliminar os inaptos. O que está apto a tudo é eterno. Só nisso reside o preço do que o homem chama de experiência. Mas a mentira é uma armadura pela qual o homem muitas vezes permite que o inapto em si mesmo sobreviva a eventos que, sem essa mesma armadura, matá-lo-iam (como, por exemplo, o orgulho, para sobreviver às humilhações), e essa armadura é secretada pelo inapto para evitar o perigo (o orgulho, na humilhação, engrossa a mentira interior). Há na alma uma espécie de fagocitose; tudo o que é ameaçado pelo tempo secreta mentiras para não morrer, na proporção do perigo de morte. É por isso que não há amor à verdade sem um consentimento irrestrito à morte. A cruz de Cristo é a única porta para o conhecimento.

Vejamos cada pecado que cometemos como um favor de Deus. Trata-se de um favor que a imperfeição essencial que está escondida no fundo do eu tenha se manifestado, parcialmente, em um dia específico, em tal hora, em determinada circunstância. Eu desejo, eu imploro que minha imperfeição se manifeste inteiramente aos meus olhos, tanto quanto o olhar do pensamento humano for capaz. Não para que ela seja curada, e sim para que, mesmo quando não deveria ser curada, eu me encontre na verdade.

Tudo que não tem valor evita a luz. Aqui embaixo, podemos nos esconder sob a carne. Na morte, não poderemos mais. Somos entregues nus à luz. Daí, dependendo do caso, inferno, purgatório ou paraíso.

O que nos faz recuar diante dos esforços que os aproximariam do bem é a repugnância da carne, mas não a repugnância da carne diante dos esforços. É a repugnância da carne perante o bem. Pois, por uma causa maligna, se o estímulo for forte o suficiente, a carne aceitará qualquer coisa, sabendo que pode fazê-lo sem morrer. Mesmo a morte, advinda de uma causa maligna, não é realmente morte para a parte carnal da alma. O que é fatal para a parte carnal da alma é ver Deus face a face.

É por isso que fugimos do vazio interior, porque Deus poderia se inserir nele.

Não é a busca pelo prazer e a aversão ao esforço que produzem o pecado, e sim o temor de Deus. Sabemos que não podemos vê-lo face a face sem morrer, e não queremos morrer. Sabemos que o pecado nos protege muito eficazmente de vê-lo face a face: o prazer e a dor nos fornecem unicamente o leve impulso, indispensável ao pecado e, sobretudo, o pretexto e o álibi, ainda mais indispensáveis. Assim são necessários pretextos para as guerras injustas, os bens falsos são necessários ao pecado, porque não podemos suportar o pensamento de que caminhamos para o mal. A carne não é o que nos distancia de Deus, ela é o véu que colocamos diante de nós para servir de anteparo entre Deus e nós.

Talvez seja assim apenas a partir de certo ponto. A imagem da caverna parece indicá-lo. É antes de tudo o movimento que dói. Quando chegamos à entrada, eis a luz. Ela não apenas cega, como também fere. Os olhos se rebelam contra ela.

Não seria talvez verdade que, a partir desse momento, somente poderíamos cometer pecados mortais? Tomar da carne para nos esconder da luz não seria um pecado mortal? Que pensamento terrível.

Seria melhor a lepra.

Preciso que Deus me leve à força, porque se a morte, nesse instante, tirasse-me o anteparo da carne, colocando-me diante dele face a face, eu fugiria.

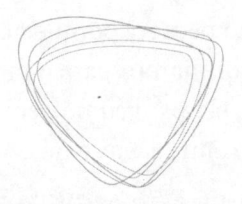

IDOLATRIA

A idolatria advém quando, ao ter sede do bem absoluto, não adquirimos a atenção sobrenatural e não temos paciência para deixá-la aflorar.

Por falta de ídolos, muitas vezes é necessário — todos os dias ou quase — sofrer no vazio. Não podemos fazê-lo sem o pão sobrenatural.

A idolatria é, portanto, uma necessidade vital na caverna. Mesmo entre os melhores, é inevitável que ela limite estreitamente a inteligência e a bondade.

Os pensamentos mudam a todo momento, obedecendo às paixões, às fantasias, ao cansaço. A atividade deve ser contínua, todos os dias, muitas horas por dia. É necessário, portanto, ter motivações para atividades que afastem os pensamentos e, portanto, as relações: os ídolos.

Todos os homens estão dispostos a morrer pelo que amam. Eles diferem apenas no nível da coisa amada e na concentração ou dispersão do amor. Nenhum ama a si mesmo.

O homem gostaria de ser egoísta e não pode. Essa é a característica mais marcante de sua miséria e a fonte de sua grandeza.

O homem se dedica, sempre, a uma ordem. Só que, à exceção da iluminação sobrenatural, essa ordem tem como centro ou ela mesma ou um ser particular (que pode ser uma abstração) para o qual ela se transferiu (Napoleão para seus soldados, a Ciência, o Partido etc.). Uma ordem perspectiva.

Não precisamos adquirir humildade. A humildade está em nós. Mas apenas nos humilhamos diante de falsos deuses.

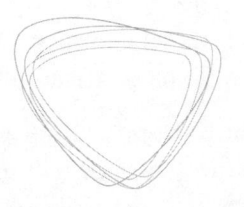

AMOR

O amor é um sinal de nossa miséria. Deus só pode amar a si mesmo. Só podemos amar outra coisa.

Só porque Deus nos ama não significa que temos que amá-lo. É porque Deus nos ama que devemos amar a nós mesmos. Como amar a si mesmo sem essa motivação?

O amor-próprio é impossível para o homem, a não ser por esse desvio.

Se me vendarem os olhos e amarrarem minhas mãos a uma bengala, essa bengala me separará das coisas, mas, com ela, eu poderei explorá-las. Sinto apenas a bengala, só percebo a parede. Da mesma maneira são as criaturas em relação à capacidade de amar. O amor sobrenatural é limitado às criaturas e apenas em direção a Deus. Ele só ama as criaturas (o que mais temos para amar?), mas como intermediárias. Do mesmo modo, Ele ama igualmente todas as criaturas, incluindo a Si mesmo. Amar um estranho como amamos nós mesmos implica, em contrapartida, que amamos nós mesmos como amamos um estranho.

O amor de Deus é puro quando a alegria e o sofrimento inspiram igual gratidão.

Amar, em quem é feliz, é querer compartilhar o sofrimento do ser amado.

O amor, em quem está infeliz, é se sentir pleno simplesmente por saber que o ser amado está feliz, mesmo sem participar dessa alegria, sem nem sequer desejar participar dela.

Aos olhos de Platão, o amor carnal é uma imagem degradada do amor verdadeiro. O amor humano casto (a fidelidade conjugal) é uma imagem menos degradada dele. A ideia de sublimação só poderia surgir na estupidez contemporânea.

O amor de Fedro[45]. Ele não exerce nem sofre força. Eis aí é a única pureza. O contato com a espada envolve a mesma impureza, seja do lado da empunhadura, seja do lado do punhal. Àquele que ama, o frio do metal não tirará o amor, mas dará a sensação de ter sido abandonado por Deus. O amor sobrenatural não tem nenhum contato com a força, mas também não protege a alma contra o frio da força, o frio do ferro. Somente um apego terreno, se contiver energia suficiente, poderia proteger contra o frio do ferro. A armadura é feita de metal como a espada. Àquele que ama apenas com um amor puro, o assassinato congela a alma, seja ele seu perpetrador ou sua vítima, assim como tudo aquilo que representa violência, mesmo que não culmine na morte. Se desejamos um amor que proteja a alma contra as feridas, devemos amar outra coisa que não seja Deus.

O amor tende a ir cada vez mais longe. Mas há um limite. Quando o limite é ultrapassado, o amor se transforma em ódio. Para evitar essa mudança, o amor deve se tornar outro.

Entre os seres humanos, só reconhecemos plenamente a existência daqueles que amamos.

A crença na existência de outros seres humanos é amor.

A mente não é forçada a acreditar na existência de nada (subjetivismo, idealismo absoluto, solipsismo, ceticismo: vejamos os Upanixades, os Taoístas e Platão, que, todos, usam essa atitude

---

[45] *Fedro*, obra escrita pelo filósofo grego Platão, é um diálogo entre Sócrates e o personagem-título, centrado no tema do amor. (N. do T.)

filosófica como purificação). É por isso que o único órgão de contato com a existência é a aceitação, o amor. É por isso que a beleza e a realidade são idênticas. É por isso que a alegria e o sentimento de realidade são idênticos.

Essa necessidade de ser o criador daquilo que amamos é uma necessidade de imitação de Deus. Mas é uma tendência a uma falsa divindade. A menos que usemos o modelo visto do outro lado do céu...

Puro amor pelas criaturas: não o amor em Deus, e sim o amor que passou por Deus como pelo fogo. Amor que se desprende totalmente das criaturas para ascender a Deus e delas desce associado ao amor criador de Deus.

Assim se unem os dois opostos que dilaceram o amor humano: amar o ser amado como ele é e querer recriá-lo.

Amor imaginário pelas criaturas. Estamos presos por uma corda a todos os objetos de apego, e uma corda sempre pode ser cortada. Também estamos presos por uma corda ao Deus imaginário, ao Deus para quem o amor também é apego. Mas não estamos presos ao Deus real, e é por isso que não há corda passível de ser cortada. Ele entra em nós. Somente ele pode entrar em nós. Todas as outras coisas permanecem do lado de fora, e delas conhecemos apenas as tensões de grau e direção variáveis, transmitidas à corda quando há deslocamento delas ou de nós mesmos.

O amor precisa da realidade. Amar um ser imaginário por uma aparência corporal, o que poderia ser mais atroz no dia em que o percebemos? Muito mais atroz do que a morte, porque a morte não impede que o amado tenha existido.

É o castigo pelo crime de ter alimentado o amor com a imaginação.

É covardia buscar nas pessoas que amamos (ou querer lhes dar) um consolo diferente daquele que nos oferecem as obras de arte, que nos ajudam simplesmente por existir. Amar e ser amado apenas tornam essa existência mais concreta, presente na mente de maneira mais constante. Mas tal existência deve estar presente como a fonte dos pensamentos, não como seu objeto. Se há motivo para desejarmos ser compreendidos, que não seja para nós mesmos, e sim para o outro, para existirmos para ele.

Tudo o que há de vil ou medíocre em nós se revolta contra a pureza e precisa, para salvar sua vida, contaminar essa pureza.

Profanar é modificar, é tocar. O belo é aquilo que não podemos querer mudar. Tomar o poder é profanar. Possuir é profanar.

Amar puramente é consentir na distância, é adorar a distância entre nós e aquilo que amamos.

A imaginação está sempre ligada a um desejo, ou seja, a um valor. Somente o desejo sem um objeto é vazio de imaginação. Há presença real de Deus em tudo o que a imaginação não encobre. O belo capta em nós o desejo e o vazio do objeto, dando-lhe um objeto presente e o impedindo de se atirar para o futuro.

Assim é o preço do amor casto. Qualquer desejo de gozo se situa no futuro, no ilusório. Ao passo que se desejarmos simplesmente que um ser exista, ele existirá: o que mais se poderia desejar afinal? O ente querido está então nu e real, e não encoberto por um futuro imaginário. O avarento nunca olha para o seu tesouro sem imaginá-lo *n* vezes maior. Temos que morrer para ver as coisas nuas.

Então, no amor, há castidade ou falta de castidade, conforme o desejo se dirija ou não ao futuro.

Nesse sentido — e desde que não se dirija a uma falsa imortalidade, concebida segundo o modelo do futuro — o amor que se dedica aos mortos é perfeitamente puro. Pois é o desejo de uma vida finita que não pode mais oferecer nada de novo. Queremos que os mortos tivessem existido, e eles existiram.

Onde o espírito deixa de ser princípio, também deixa de ser fim. Daí a ligação rigorosa entre o "pensamento" coletivo em todas as suas formas e a perda do sentido, do respeito pelas almas. A alma é o ser humano considerado como tendo um valor próprio. Amar a alma de uma mulher não é pensar nela em termos de seu próprio prazer etc. O amor não sabe mais contemplar, ele quer possuir (desaparecimento do amor platônico[46]).

É um erro desejar ser compreendido antes de se ter elucidado aos próprios olhos. É buscar prazeres, não merecidos, na amizade. É algo ainda mais corruptor do que o amor. Você venderia sua alma por amizade.

Aprenda a afastar a amizade, ou melhor, o sonho da amizade. Desejar a amizade é um grande defeito.

A amizade deve ser uma alegria gratuita como aquelas oferecidas pela arte ou pela vida. Devemos recusá-la para ser dignos de recebê-la: trata-se de algo da ordem da graça ("Meu Deus, afastai-Vos de mim..."). É uma daquelas coisas que são dadas em adição. Qualquer sonho de amizade merece ser destruído. Não é por acaso que você nunca foi amado... Querer fugir da solidão é covardia. A amizade não pode ser buscada, não pode ser sonhada, não pode ser desejada; ela é exercida (é uma virtude). Aniquilemos toda essa margem de sentimento impuro e conturbado. *Schluss*[47]!

Ou melhor (visto que não devemos nos podar com muito rigor), tudo aquilo que, na amizade, não passa por trocas efetivas deve passar por pensamentos ponderados. É inútil prescindir da inspiradora virtude da amizade. O que deve ser estritamente proibido é sonhar com os prazeres do sentimento. Eis a corrupção. E é tão estúpido quanto sonhar com música ou pintura. A amizade não pode ser separada da realidade, assim como o belo. A amizade constitui um milagre, como o belo. E o milagre consiste simplesmente no fato de que ela exista. Aos 25 anos, é hora de acabar radicalmente com a adolescência...

Não se deixe aprisionar por nenhum afeto. Preserve sua solidão. Se por acaso chegar o dia em que o verdadeiro afeto lhe seja oferecido, não haverá oposição entre a solidão interior e a amizade,

---

[46] Esse amor "platônico" não tem relação com o que hoje é chamado por esse nome. Não procede da imaginação, e sim da alma. Trata-se de uma contemplação puramente espiritual. Ver o capítulo sobre Beleza mais adiante. (Nota do editor do original.)
[47] "Fim", em alemão. (N. do T.)

pelo contrário. É justamente com esse sinal infalível que você a reconhecerá. Outros afetos devem ser rigorosamente disciplinados.

As mesmas palavras (por exemplo, quando um homem diz à esposa "eu te amo") podem ser vulgares ou extraordinárias, dependendo de como são pronunciadas. E essa forma depende da profundidade da região do ser de onde procedem, sem que a vontade nada possa fazer a respeito. E, por um acordo maravilhoso, tocarão, no ouvinte, a mesma região. Assim, o ouvinte pode discernir, se tiver o discernimento necessário, o valor dessas palavras.

O benefício é permitido precisamente por constituir uma humilhação ainda maior do que a dor, uma prova ainda mais íntima e irrefutável de dependência. E o reconhecimento é prescrito por esse motivo, porque é esse o uso a ser feito do benefício recebido. Mas ele deve ser dependente do destino, e não de determinado ser humano. É por isso que o benfeitor tem a obrigação de se ausentar totalmente do benefício. E o reconhecimento não deve em nenhum grau constituir um apego, pois esse reconhecimento é o reconhecimento dos cães.

O reconhecimento é antes de tudo a ação daquele que socorre, se o socorro for puro. É devido àquele em dívida apenas a título de reciprocidade.

Para experimentar a gratidão pura (salvo no caso da amizade), preciso pensar que estou sendo bem tratado, não por pena, por simpatia, ou por capricho, como um favor ou um privilégio, nem sequer por um efeito natural do temperamento, e sim por um desejo de fazer o que exige a justiça. Então, aquele que me trata assim quer que todos na minha situação sejam tratados da mesma maneira por aqueles que se encontram na sua própria situação.

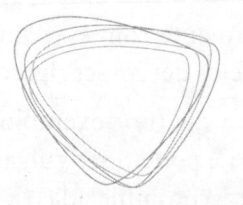

O MAL

A criação: o bem despedaçado e espalhado pelo mal.

O mal é ilimitado, mas não é o infinito.

Só o infinito limita o ilimitado.

Monotonia do mal: nada de novo, tudo nele se equivale. Nada de real, tudo nele é imaginário.

É em razão dessa monotonia que a quantidade desempenha papel tão importante. Muitas mulheres (Don Juan[48]) ou homens (Celimena[49]) etc. Condenado ao falso infinito. Eis o próprio inferno.

O mal é a libertinagem e, por isso, é monótono: temos que extrair tudo de nós mesmos. Mas não é dado ao homem criar. É uma tentativa ruim de imitar Deus.

Não saber disso e aceitar essa impossibilidade de criar se torna fonte de muitos erros. Precisamos imitar o ato de criar, e há

---

48 Personagem arquetípico da literatura espanhola criado por Tirso de Molina, pseudônimo de Fray Gabriel Téllez (1579-1648), religioso católico que se destacou como dramaturgo, poeta e narrador barroco. (N. do T.)

49 Personagem da peça Le Misanthrope ("O Misantropo"), do dramaturgo francês Molière (1622-1673), encarnação da vaidade e da hipocrisia. (N. do T.)

duas imitações possíveis — uma real, outra aparente — por meio da conservação e da destruição.

Nenhum traço de "eu" na conservação. Na destruição, sim. O "eu" deixa sua marca no mundo ao destruí-lo.

Literatura e moral. O mal imaginário é romântico, variado; o mal real é sombrio, monótono, estéril, enfadonho. O bem imaginário é chato; o bem real é sempre novo, maravilhoso, inebriante. Portanto, a "literatura imaginativa" é maçante ou imoral (ou uma mistura de ambos). Ela escapa dessa alternativa apenas ao passar forçosamente, de algum modo, por arte, do lado da realidade —o que só o gênio pode fazer.

Determinada virtude inferior é uma imagem degradada do bem, do qual devemos nos arrepender, e mais difícil de nos arrepender do que do mal. Fariseu e publicano.

O bem como oposto do mal é equivalente a ele em certo sentido, como todos os opostos.

O que o mal viola não é o bem, pois o bem é inviolável; apenas um bem degradado é violado.

Aquilo que é diretamente oposto a um mal nunca é da mesma ordem de um bem superior. Frequentemente se situa pouco acima do mal! Exemplos: o roubo e o respeito burguês pela propriedade, o adultério e a "mulher honesta", a poupança e o desperdício, a mentira e a "sinceridade".

O bem é essencialmente diferente do mal. O mal é múltiplo e fragmentário, o bem é uno, o mal é aparente, o bem é misterioso; o mal consiste em ações, o bem na não ação, na ação não atuante etc. O bem considerado no mesmo nível do mal, e se opondo a ele como um contrário a um contrário é um bem de código penal. Logo acima se encontra um bem que, de alguma maneira, é mais parecido com o mal do que com essa forma inferior do bem. Isso possibilita muita demagogia e fastidiosos paradoxos.

O bem que é definido do mesmo modo como se define o mal deve ser renegado. Ora, o próprio mal o renega. Mas o renega pessimamente.

Será que existe uma união de vícios incompatíveis nos seres devotados ao mal? Eu não acredito. Os vícios estão sujeitos à gravidade, e é por isso que não há profundidade neles, não há transcendência no mal.

Apenas temos a experiência do bem ao realizá-lo.

Apenas experimentamos o mal ao nos negar a realizá-lo ou, se já o tivermos realizado, ao nos arrepender dele.

Quando fazemos o mal, não nos damos conta disso, pois o mal foge da luz.

Existe mal, tal como o concebemos, quando não o praticamos? O mal que fazemos não parece ser algo simples, algo natural que apenas se impõe? O mal não é análogo à ilusão? Quando nos tornamos vítimas da ilusão, não a sentimos como tal, e sim como realidade. Talvez o mal seja da mesma forma. Quando estamos no mal, não o sentimos como tal, e sim como uma necessidade ou mesmo um dever.

Assim que fazemos o mal, ele aparece como uma espécie de dever. A maioria tem um senso de dever em certas coisas ruins e em certas coisas boas. O mesmo homem sente, como um dever, o desejo de vender algo o mais caro possível e, ao mesmo tempo, de não roubar etc. O bem, nessas pessoas, está no mesmo nível do mal, um bem sem luz.

A sensibilidade do inocente que sofre é como um crime sensível. O verdadeiro crime não é sensível. O inocente que sofre conhece a verdade acerca de seu carrasco, o carrasco não a conhece. O mal que o inocente sente em si mesmo está em seu carrasco, mas ele não tem consciência disso. O inocente só pode conhecer o mal como sofrimento. É do crime que o criminoso não tem consciência. E é da inocência que o inocente não tem consciência.

Apenas o inocente pode ter consciência do inferno.

O pecado que temos em nosso interior sai de nós e se espalha, exercendo um contágio sob a forma de pecado. Assim, quando estamos irritados, aqueles ao nosso redor ficam irritados. Ou ainda, de um superior a um inferior: a raiva suscita o medo. Mas, no contato com um ser perfeitamente puro, há transmutação, e o pecado se torna sofrimento. Essa é a função do testemunho de Isaías, do cordeiro de Deus. Esse é o sofrimento redentor. Toda a violência criminosa do Império Romano colidiu com Cristo, e Nele se tornou puro sofrimento. Os seres maus, ao contrário, transformam o mero sofrimento (por exemplo, a doença) em pecado.

Talvez possa se deduzir daí que a dor redentora deva ser de origem social. Ela deve ser a injustiça, a violência exercida por seres humanos.

O falso Deus transforma o sofrimento em violência. O verdadeiro Deus transforma a violência em sofrimento.

O sofrimento expiatório é o choque em troca do mal que fizemos. E o sofrimento redentor é a sombra do bem puro que desejamos.

Um ato mau é uma transferência aos outros da degradação que carregamos dentro de nós. É por isso que temos a tendência a fazê-lo, como também tendemos à libertação.

Qualquer crime é uma transferência do mal daquele que age para aquele que sofre. Um amor ilegítimo como o assassinato.

O aparelhamento da justiça criminal — depois de séculos em contato com os criminosos, sem qualquer purificação compensatória — está tão contaminado pelo mal que uma condenação é muitas vezes uma transferência do mal do aparelhamento penal para o condenado, mesmo que ele seja culpado e a punição não seja desproporcional. Criminosos endurecidos são os únicos que não podem ser prejudicados pelo sistema penal. Aos inocentes, ele causa um dano terrível.

Quando há transferência do mal, o mal não diminui, aumenta naquele de quem procede. O fenômeno da multiplicação. O mesmo se dá na transferência do mal com objetos como destino.

Então, onde colocar o mal?

É preciso transferi-lo da parte impura para a parte pura de si mesmo, transmutando-o em sofrimento puro. Devemos infligir em nós mesmos o crime que temos em nós mesmos.

Mas logo macularíamos o ponto de pureza interior se não o renovássemos pelo contato com uma pureza inalterável, colocada longe de qualquer violação.

A paciência consiste em não transformar o sofrimento em crime. Isso já é suficiente para transformar o crime em sofrimento.

Transferir o mal para as coisas externas é distorcer as relações das coisas. O que é exato e determinado, em número, proporção e harmonia, resiste a essa deformação. Seja qual for o meu estado de vigor ou cansaço, em cinco quilômetros há cinco marcos de um quilômetro. É por isso que o número dói quando sofremos: ele se opõe à operação de transferência. Fixar a atenção naquilo que é rigoroso demais para ser deformado pelas minhas modificações internas, é preparar em mim a aparição de algo invariável e do acesso ao eterno.

Aceitar o mal que nos fizeram como remédio para o mal que fizemos.

Não é o sofrimento que se impõe a si mesmo, e sim aquilo que sofremos por vir de fora que se trata do verdadeiro remédio. E mesmo esse sofrimento deve ser injusto. Quando pecamos por injustiça, não basta sofrer com a justiça, é preciso sofrer a mesma injustiça.

A pureza é absolutamente invulnerável enquanto pureza, no sentido de que nenhuma violência a torna menos pura. Mas ela é eminentemente vulnerável no sentido de que qualquer ataque do mal a faz sofrer, de que qualquer pecado que a atinge nela se torna sofrimento.

Se alguém nos causar mal, desejemos que esse mal não se agrave por amor ao seu perpetrador, para que, na verdade, ele não nos tenha causado mal nenhum.

Os santos (os quase santos) estão mais expostos do que os outros ao diabo, porque o conhecimento real que têm da própria miséria torna a luz quase intolerável para eles.

O pecado contra o Espírito é conhecer uma coisa como boa e odiá-la como boa. Experimentamos o equivalente sob a forma de resistência sempre que nos orientamos para o bem. Pois qualquer contato com o bem produz um conhecimento da distância entre o mal e o bem e o início de um doloroso esforço de assimilação. Trata-se de uma dor, e ficamos com medo. Esse medo talvez seja o sinal da realidade do contato. O pecado correspondente só pode ocorrer se a falta de esperança tornar intolerável a consciência da distância, transformando a dor em ódio.

Nesse sentido, a esperança é um remédio. Mas um remédio melhor é a indiferença para consigo mesmo, e ser feliz porque o bem é o bem, mesmo que ele esteja longe de nós, e mesmo supondo que ele está destinado a continuar longe infinitamente.

Uma vez que um átomo de bem puro entrou na alma, a maior, a mais criminosa fraqueza é infinitamente menos perigosa do que a menor das traições, ainda que esta se reduza a um movimento de pensamento puramente interior, durante apenas um instante, desde que haja consentimento. Nada mais é do que a participação no inferno. Enquanto a alma não provou o bem puro, ela está tão separada do inferno quanto do paraíso.

Uma escolha infernal só é possível pelo apego à salvação. Quem não deseja a alegria de Deus, mas se satisfaz em saber que realmente há alegria em Deus, cai, mas não trai.

Quando amamos a Deus por intermédio do mal como tal, é realmente a Deus que amamos.

Amar a Deus por intermédio do mal como tal. Amar a Deus por intermédio do mal que odiamos, odiando esse mal. Amar a Deus como o autor do mal que odiamos.

O mal está para o amor como o mistério está para a inteligência. Assim como o mistério restringe a virtude da fé apenas ao ser sobrenatural, o mesmo acontece com a virtude da caridade. E tentar encontrar compensações, justificativas para o mal é tão prejudicial para a caridade quanto tentar expor o conteúdo dos mistérios no nível da inteligência humana.

Discurso de Ivan nos *Karamázov*[50]: "Mesmo que esta imensa fábrica trouxesse as mais extraordinárias maravilhas e custasse apenas uma única lágrima de uma única criança, eu me recusaria". Concordo plenamente com esse sentimento. Nenhuma razão que me derem, qualquer que seja ela, para compensar a lágrima de uma criança poderá me fazer aceitar essa lágrima. Absolutamente nenhuma que a inteligência possa conceber. Uma só, mas que só é inteligível ao amor sobrenatural: "Deus assim quis". E, por essa razão, aceitaria com a mesma facilidade um mundo que fosse completamente mau como uma lágrima de criança.

A agonia é uma noite absolutamente escura, necessária mesmo àqueles que são perfeitos para alcançar a pureza absoluta e, por isso, é melhor que seja também amarga.

A irrealidade que retira o bem do próprio bem é o que constitui o mal. O mal é, sempre, a destruição das coisas sensíveis em que há uma presença real do bem. O mal é feito por aqueles que desconhecem essa presença real.

Nesse sentido, é verdade que ninguém é mau voluntariamente. As relações de poder dão à ausência o poder de destruir a presença.

Não se pode contemplar sem terror a extensão do mal que o homem pode fazer e sofrer.

---

50 Referência a *Os Irmãos Karamazov* (Братья Карамазовы), romance de Fiódor Dostoiévski (1821-1881). (N. do T.)

Como poderíamos acreditar que é possível encontrar uma compensação para esse mal, já que, em virtude dele, Deus sofreu a crucificação?

Bem e mal. Realidade. Bem é o que dá mais realidade aos seres e às coisas, o mal é o que a tira deles.

Os romanos fizeram o mal despojando as cidades gregas de suas estátuas, porque as cidades, os templos, a vida desses gregos tinham menos realidade sem as estátuas, e porque as estátuas não poderiam ter tanta realidade em Roma como na Grécia.

Apelos desesperados e humildes dos gregos para manter algumas das estátuas: uma tentativa desesperada de colocar a própria noção de valores na mente dos outros. Ao compreender tal atitude assim, nada nela é inferior. Mas quase necessariamente ineficaz. Dever de compreender e pesar o sistema de valores dos outros com os seus na mesma balança. Moldar a balança.

Deixar a imaginação se demorar no que é o mal implica uma espécie de covardia; esperamos desfrutar, conhecer e crescer por meio do irreal.

Até mesmo fixar a imaginação em certas coisas como possíveis (o que é completamente diferente de conceber claramente sua possibilidade, algo essencial à virtude) já é se engajar. A curiosidade é a causa. Proibamos determinados pensamentos (não me refiro à sua concepção, e sim à insistência neles), deixemos de pensar. Acreditamos que o pensamento não engaja, mas pensar engaja, e a liberdade para pensar inclui liberdade para tudo. Deixemos de pensar, capacidade suprema. Pureza, virtude negativa. Se demoramos nossa imaginação em algo mau, ao encontrar outros homens que o tornem objetivo por suas palavras e ações, removendo assim suas barreiras sociais, já estaremos praticamente perdidos. E o que poderia ser mais fácil? Sem um ponto de ruptura: ao ver o fosso, já o alcançamos. Para o bem, é exatamente o oposto; vemos o fosso sem tê-lo alcançado, no instante da arrancada, da ruptura. Não caímos no bem. A palavra baixeza expressa essa propriedade do mal.

Mesmo realizado, o mal mantém esse caráter de irrealidade; daí talvez venha a simplicidade dos criminosos; tudo é simples no sonho. Simplicidade que corresponde à virtude suprema.

O mal deve ser purificado — ou a vida é impossível. Só Deus pode fazê-lo. Essa é a ideia do *Bhagavad Gita*. É também a ideia de Moisés, de Maomé, do hitlerismo...

Mas Jeová, Alá, Hitler são deuses terrenos. A purificação que eles operam é imaginária.

O que é essencialmente diferente do mal é a virtude acompanhada de uma percepção clara da possibilidade do mal, do mal que parece ser um bem. Talvez a presença de ilusões abandonadas — mas presentes no pensamento — seja o critério da verdade.

Só podemos ter horror de fazer mal aos outros se estivermos em um momento em que os outros não podem mais nos fazer mal (então, no máximo, passamos a amar os outros como nosso eu do passado).

A contemplação da miséria humana nos arrasta para Deus, e é só em outras pessoas — amadas como se fossem nós mesmos — que a contemplamos. Não podemos contemplá-la como tal em nós mesmos, nem nos outros.

O extremo infortúnio que atinge os seres humanos não cria a miséria humana, apenas a revela.

O pecado e os prestígios da força. Posto que a alma como um todo não foi capaz de conhecer e aceitar a miséria humana, acreditamos que há uma diferença entre os seres humanos e, portanto, falhamos na justiça, seja fazendo diferença entre nós e os outros, seja diferenciando certas pessoas em relação às outras.

Isso vem de não saber que a miséria humana é uma quantidade constante e irredutível, tão grande em cada homem quanto pode ser, e que sua grandeza vem de um só Deus, havendo, portanto, a mesma identidade entre um homem e outro.

Ficamos surpresos ao perceber que o infortúnio não enobrece. Isso se dá porque quando pensamos em uma pessoa infeliz, pensamos em seu infortúnio. Mas o infeliz não pensa em seu infortúnio: sua alma se enche de todo mínimo alívio que ele possa cobiçar.

Como poderia não haver mal no mundo? O mundo deve ser estranho aos nossos desejos. Se houvesse um mundo sem o mal, então nossos desejos seriam totalmente maus. E isso não é necessário.

Existem todos os intervalos de distância entre a criatura e Deus. Uma distância em que o amor de Deus é impossível. Matéria, plantas, animais. O mal é tão completo ali que se destrói a si mesmo; não há mais mal: espelho da inocência divina. Estamos em um ponto em que o amor é apenas possível. Trata-se de um grande privilégio, porque o amor que une é proporcional à distância.

Deus criou um mundo que não é o melhor possível, mas que comporta todos os graus de bem e mal. Estamos no pior ponto possível. Pois, além dele, situa-se o grau em que o mal se torna inocência.

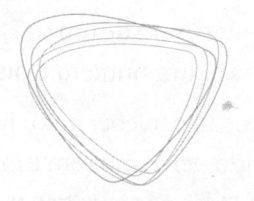

O INFORTÚNIO

Sofrimento: superioridade do homem sobre Deus. Foi preciso a encarnação para que essa superioridade não fosse escandalosa.

Não devo amar meu sofrimento porque é útil, e sim porque existe.

Aceitemos o que é amargo; a aceitação não deve refletir na amargura nem a diminuir, caso contrário a aceitação diminuirá proporcionalmente em força e pureza. Pois o objeto de aceitação é aquilo que é amargo, sendo amargo e não outra coisa. Falemos como Ivan Karamázov: "Nada pode compensar uma única lágrima de uma única criança". E, no entanto, aceitemos todas as lágrimas e os incontáveis horrores que vão além das lágrimas. Aceitemos essas coisas, não como compensações, e sim em si mesmas. Aceitemos que elas são simplesmente porque são.

Se não houvesse infortúnio neste mundo, poderíamos acreditar que estamos no paraíso.

Duas concepções do inferno. A concepção comum (sofrimento sem consolo) e a minha (falsa bem-aventurança, acreditar-se erroneamente no paraíso).

Pureza maior, a da dor física (Thibon). Daí a maior dignidade do povo.

Não busquemos não sofrer ou sofrer menos, e sim ser inalterados pelo sofrimento.

A extrema grandeza do cristianismo vem do fato de que ele não busca um remédio sobrenatural para o sofrimento, e sim um uso sobrenatural do sofrimento.

Precisamos nos esforçar ao máximo possível para evitar o infortúnio, de modo que o infortúnio que encontramos seja perfeitamente puro e perfeitamente amargo.

A alegria é a plenitude do sentimento da realidade.

Porém sofrer conservando o sentimento da realidade é melhor. Sofrer sem afundar no pesadelo. Que a dor seja, em um sentido puramente exterior, em um sentido puramente interior. Para isso, deve residir apenas na sensibilidade. É, então, exterior (como estando fora das partes espirituais da alma) e interior (como se estivesse inteiramente concentrada em nós mesmos, sem refletir sobre o universo para ser alterada).

O infortúnio nos obriga a reconhecer como real o que não acreditamos ser possível.

Infortúnio: o tempo leva, a contragosto, o ser pensante na direção daquilo que não pode suportar e que, no entanto, acontecerá. "Afasta de mim esse cálice." Cada segundo que passa leva um ser no mundo a algo que ele não poderá suportar.

Há um ponto no infortúnio em que não podemos mais suportar nem que ele continue nem que nos livremos dele.

Fora da relação entre o passado e o futuro, o sofrimento não é nada, mas o que poderia ser mais real para o homem do que essa relação? Ela é a própria realidade.

Futuro. Pensamos que algo acontecerá amanhã até pensarmos que nunca mais acontecerá.

Dois pensamentos aliviam um pouco o infortúnio. Ou que ele vai cessar quase imediatamente ou que nunca vai cessar. Impossível ou necessário. Mas não podemos pensar que ele simplesmente é. Isso é insustentável.

"Isso não é possível." O que não é possível é pensar em um futuro em que o infortúnio continuaria. O impulso natural do pensamento em direção ao futuro é interrompido, o ser é dilacerado no seu sentimento em relação ao tempo. "Daqui a um mês, daqui a um ano, como vamos sofrer?"

O ser que não suporta pensar nem no passado nem no futuro é rebaixado à matéria. Russos brancos da Renault[51]. Assim, podemos aprender a obedecer como a matéria, mas, sem dúvida, eles imaginaram passados e futuros próximos e mentirosos.

Divisão do tempo para criminosos e prostitutas; o mesmo se aplica aos escravos. É, portanto, uma característica do infortúnio.

O tempo produz violência, é a única violência. Alguém pode o cercar e levar aonde você não quer ir, o tempo leva você aonde não quer ir. Podem me condenar à morte, mas não serei executada se o tempo parar. Pouco importa se algo terrível acontecer, podemos desejar que o tempo pare, que as estrelas parem? A violência do tempo perfura a alma: por esse furo, entra a eternidade.

Todos os problemas se resumem ao tempo.

Dor extrema: tempo não direcionado, caminho para o inferno ou para o paraíso. Continuidade ou eternidade.

Não são a alegria e a dor que se opõem, e sim espécies tanto de uma como da outra. Há alegria e dor infernais, alegria e dor curativas, alegria e dor celestiais.

Por natureza, fugimos do sofrimento e buscamos o prazer. É apenas por isso que a alegria serve como imagem do bem e a dor como imagem do mal. Daí as imagens do paraíso e do inferno. Mas, na verdade, prazer e dor são um casal inseparável.

---

51 Referência à imigração em massa de russos fugindo da Revolução Comunista, de 1917, para a cidade francesa de Boulogne-Billancourt, na região parisiense, onde foram contratados pela montadora de veículos Renault. (N. do T.)

Sofrimento, ensino e transformação. Não é necessário que os iniciados aprendam algo, e sim que ocorra neles uma transformação que os torne aptos a receber o ensinamento.

Pathos significa tanto sofrimento (principalmente sofrimento até a morte) como modificação (principalmente transformação em um ser imortal).

O sofrimento e o prazer como fontes de conhecimento. A serpente ofereceu o conhecimento a Adão e Eva. As sereias ofereceram conhecimento a Ulisses. Essas histórias ensinam que a alma se perde ao buscar o conhecimento no prazer. Por quê? O prazer pode ser inocente, desde que nele não busquemos conhecimento. É permitido procurá-lo apenas no sofrimento.

O infinito que existe no homem está à mercê de um pedacinho de ferro; tal é a condição humana, espaço e tempo são sua causa. É impossível manusear esse pedaço de ferro sem reduzir bruscamente o infinito que há no homem a um ponto de sua extremidade, um ponto de seu cabo, à custa de uma dor excruciante. Todo o ser é afetado em um único instante; não resta lugar para Deus, nem mesmo em Cristo, em que o pensamento de Deus não é mais do que uma privação. Temos que chegar até esse instante para que haja encarnação. Todo o ser se torna privação de Deus; como ir além? Não resta nada do outro lado, a não ser a ressurreição. Para ir tão longe, precisamos do contato frio do ferro nu.

É preciso estar em contato com o ferro para se sentir separado de Deus como Cristo, caso contrário se trata de outro Deus. Os mártires não se sentiam separados de Deus, mas era outro Deus e, talvez, fosse melhor não terem sido mártires. O Deus em que os mártires encontravam alegria em meio às torturas, no qual se aproxima a morte daquele que foi oficialmente adotado pelo Império e depois levado ao extermínio.

Dizer que o mundo não vale nada, que esta vida não vale nada, e dar o mal como prova, é um absurdo, porque se a vida não vale nada, o mal a priva do quê?

Assim, o sofrimento na desgraça e a compaixão pelos outros são tanto mais puros e intensos quanto melhor concebermos a plenitude da alegria. De que o sofrimento priva os entristecidos?

E se concebermos a plenitude da alegria, o sofrimento ainda está para a alegria como a fome está para a comida.

É preciso ter tido a revelação da realidade por meio da alegria para encontrar a realidade no sofrimento. Caso contrário, a vida é apenas um sonho mais ou menos ruim.

É preciso conseguir encontrar uma realidade ainda mais plena no sofrimento que é nada e vazio.

Da mesma maneira, é preciso amar muito a vida para amar ainda mais a morte.

A VIOLÊNCIA

A morte é a coisa mais preciosa dada ao homem. É por isso que a suprema impiedade é usá-la mal. Morrer mal. Matar mal. (Mas como escapar tanto do suicídio como do assassinato?) Depois da morte, o amor. Problema análogo: nem má fruição, nem má privação. A guerra e Eros são as duas fontes de ilusão e mentira entre os homens. Sua combinação é a maior das impurezas.

Esforcemo-nos para substituir cada vez mais a violência pela não violência efetiva no mundo.

A não violência só é boa se for eficaz. Daí a pergunta do jovem rapaz a Gandhi acerca de sua irmã. A resposta deveria ser: use a força, a menos que você seja capaz de defendê-la, com a maior probabilidade de sucesso, sem violência. A menos que você possua uma radiação cuja energia (isto é, a eficácia possível, no sentido mais material) seja igual àquela contida em seus músculos.

Esforcemo-nos para nos tornar de tal forma que possamos ser não violentos.

Tudo isso depende também do adversário.

A causa das guerras: cada homem, cada grupo humano, sente-se legitimamente senhor e possuidor do universo. Mas essa posse é mal compreendida, por desconhecermos que o acesso — tanto quanto é possível ao homem na Terra — passa, para cada um, pelo seu próprio corpo.

O imperador Alexandre é, para um camponês senhor de terras, aquilo que Don Juan é para um marido feliz.

A guerra. Mantenhamos intacto em nós o amor à vida; nunca inflijamos a morte sem aceitá-la para nós mesmos.

Se a vida de X... estivesse ligada à nossa a ponto de as duas mortes serem simultâneas, ainda assim desejaríamos que ele morresse? Se o corpo e a alma, em sua íntegra, anseiam pela vida e se, no entanto, sem mentir, podemos responder que sim, então temos o direito de matar.

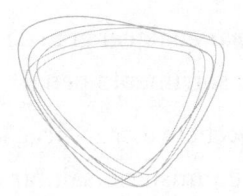

A CRUZ

Quem tomar da espada pela espada perecerá. E quem não tomar da espada (ou abandoná-la) perecerá na cruz.

Cristo curando os enfermos, ressuscitando os mortos etc. é a parte humilde, humana, quase inferior de sua missão. A parte sobrenatural é o suor de sangue, o desejo insatisfeito de consolação humana, a súplica para ser poupado, o sentimento de ter sido abandonado por Deus.

O abandono no momento supremo da crucificação, que abismo de amor de ambas as partes!

"Meu Deus, meu Deus, por que me abandonastes?"

Essa é a prova real de que o cristianismo tem algo de divino.

Para ser justo, é preciso estar nu e morto. Sem imaginação. É por isso que o modelo da justiça deve estar nu e morto. A cruz sozinha não é suscetível a uma imitação imaginária.

É preciso um homem justo a imitar para que a imitação de Deus não seja uma mera palavra, e — para que sejamos levados além das vontades — também é preciso que não possamos querer imitá-lo. Não podemos querer a cruz.

Poderíamos desejar qualquer grau de ascetismo ou heroísmo, mas não a cruz que é o sofrimento penal.

Aqueles que concebem a crucificação apenas sob o aspecto da oferenda apagam seu mistério salutar e seu amargor salutar. Desejar o martírio é muito pouco. A cruz é infinitamente mais do que apenas o martírio.

O sofrimento mais puramente amargo, o sofrimento penal, como garantia de autenticidade.

A cruz. A árvore do pecado era uma árvore real, a árvore da vida era um tronco. Algo que não gera frutos, apenas um movimento vertical. "É necessário que o filho do homem seja erguido, e isso os levará até ele." Podemos matar a energia vital em nós mesmos retendo apenas o movimento vertical. As folhas e os frutos são um desperdício de energia se apenas quisermos escalar a árvore.

Eva e Adão queriam buscar a divindade na energia vital. Uma árvore, um fruto. Mas nos dispuseram a divindade sobre um tronco morto, quadrado, do qual pende um cadáver. O segredo de nosso relacionamento com Deus deve ser buscado em nossa mortalidade.

Deus se esgota, através da espessura infinita do tempo e das espécies, para atingir a alma e seduzi-la. Se ela se deixa arrebatar, ainda que por um instante, em um consentimento puro e total, então Deus a conquista. E quando ela se torna algo inteiramente Dele, Ele a abandona. Ele a deixa completamente só. E ela deve, por sua vez, mas pelo tato, atravessar a espessura infinita do tempo e do espaço em busca Daquele que ama. Assim, a alma refaz em sentido inverso o caminho que Deus fez até ela. E essa é a cruz.

Deus é crucificado porque seres finitos, sujeitos à necessidade, ao espaço e ao tempo, pensam.

Saibamos que, como seres pensantes e finitos, somos Deus crucificado.

Tenhamos a mesma aparência que Deus, mas a aparência do Deus crucificado.

Do Deus Todo-Poderoso, visto que ele está ligado à necessidade.

Prometeu, o deus crucificado por ter amado demais os homens. Hipólito, o homem punido por ter sido muito puro e muito amado pelos deuses. É a aproximação do humano e do divino que atrai a punição.

Somos o que há de mais distante de Deus, no limite extremo, do qual não é absolutamente impossível voltar a Ele. Em nosso ser, Deus está dilacerado. Nós somos a crucificação de Deus. O amor de Deus por nós é a paixão. Como poderia o bem amar o mal sem sofrer? E o mal também sofre por amar o bem. O amor mútuo de Deus e do homem é sofrimento.

Para sentir a distância entre nós e Deus, é necessário que Deus seja um escravo crucificado. Porque só sentimos a distância a um nível inferior. É muito mais fácil se imaginar no lugar do Deus criador do que no lugar do Cristo crucificado.

As dimensões da caridade de Cristo equivalem à distância entre Deus e a criatura.

A função de mediação, por si só, implica no desmembramento[52]...

É por isso que não se pode conceber a descida de Deus até o homem ou a ascensão do homem até Deus sem tal desmembramento.

Temos que atravessar — e, primeiramente, Deus tem de vir até nós, pois ele tem de vir antes — a espessura infinita do tempo e do espaço. No relacionamento entre Deus e o homem, o amor é o maior dos dois. É tão grande quanto a distância a ser percorrida.

Para que o amor seja o maior possível, a distância é a maior possível. É por isso que o mal pode ir até o limite extremo, pois,

---

[52] A autora faz referência, metaforicamente, ao método de execução punitiva, muitas vezes religiosa, que consistia em cortar um corpo em diversas partes. (N. do T.)

mais além, a própria possibilidade do bem desapareceria. Ele tem permissão de chegar até esse limite. Às vezes, parece que ele o ultrapassa.

Em certo sentido, isso é exatamente o oposto do pensamento de Leibniz. É, certamente, mais compatível com a grandeza de Deus, pois se Ele tivesse feito o melhor dos mundos possíveis, muito pouco poderia fazer.

Deus atravessa a espessura do mundo para vir até nós.

A Paixão é a existência da justiça perfeita sem nenhuma combinação de aparências. A justiça é essencialmente não atuante. Ela deve ser transcendente ou sofredora.

Trata-se de uma justiça puramente sobrenatural, absolutamente desprovida de qualquer ajuda sensível, semelhante ao amor de Deus, sempre sensível.

O sofrimento redentor é aquele que desnuda o sofrimento e o carrega em sua pureza até a existência. Ele salva a existência.

Assim como Deus está presente na percepção sensível de um pedaço de pão por meio da consagração eucarística, Ele está presente no mal extremo por meio da dor redentora, por meio da cruz.

Da miséria humana a Deus. Mas não como compensação ou consolo. Como uma correlação.

Existem pessoas a quem tudo o que as aproxima de Deus é benéfico. Para mim, isso é tudo que as mantém afastadas. Entre Ele e eu, a espessura do universo — e a da cruz — se somam.

A dor é, ao mesmo tempo, absolutamente externa e essencial à inocência.

Sangue sobre a neve. A inocência e o mal. Que o próprio mal seja puro. Ele só pode ser puro na forma do sofrimento de um inocente. Um inocente que sofre lança sobre o mal a luz da salvação. Ele é a imagem visível do Deus inocente. É por isso que um Deus que ama o homem e um homem que ama Deus devem sofrer.

A inocência feliz. Algo tão infinitamente precioso. Mas se trata de uma felicidade precária, frágil, uma felicidade casual. As flores da macieira. A felicidade não está ligada à inocência.

Ser inocente é suportar o peso de todo o universo. É lançar o contrapeso.

Ao nos esvaziar, ficamos expostos a toda a pressão do universo que nos envolve.

Deus se entrega aos homens como um Deus poderoso ou um Deus perfeito — à sua escolha.

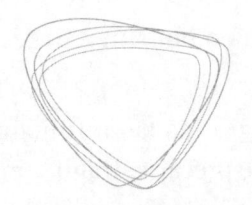

A BALANÇA E A ALAVANCA

A cruz como equilíbrio, como alavanca. Descida, condição da subida. O céu descendo à terra eleva a terra ao céu.

A alavanca. Devemos abaixá-la quando queremos subir.

É assim que "os humilhados serão exaltados".

Também há uma necessidade e leis no domínio da graça. "Mesmo o inferno tem as próprias leis." (Goethe) O céu também.

Uma necessidade rigorosa que exclui todo arbítrio, todo acaso, regula os fenômenos materiais. Há, se possível, ainda menos arbitrariedade e acaso nas coisas espirituais, embora independentes.

Um, o menor dos números. "Um é o único sábio." Ele é o infinito. Um número crescente pensa que está se aproximando do infinito. Mas está se distanciando. Devemos nos rebaixar para nos elevar.

Se um é Deus, o infinito é o diabo.

A miséria humana — não o prazer — contém o segredo da sabedoria divina. Qualquer busca de prazer é a busca de um paraíso artificial, uma embriaguez, um incremento. Mas não nos dá nada, além da experiência daquilo que é vazio. Só a contemplação dos nossos limites e da nossa miséria nos coloca no plano superior.

"Os humilhados serão exaltados."

O movimento ascendente em nós é vazio (e pior do que vazio) se não procede de um movimento descendente.

Statera facta corporis[53]. É o corpo crucificado que é um equilíbrio justo, o corpo reduzido ao seu ponto no tempo e no espaço.

Não julguemos. À maneira do Pai dos céus, que não julga: os seres se julgam por Ele. Deixemos todos os seres chegarem a si mesmos, e que eles se julguem por si mesmos. Sejamos uma balança.

Então não seremos julgados, assim que nos tornarmos uma imagem do verdadeiro juiz que não julga.

Quando o universo pesa em sua integralidade sobre nós, não há outro contrapeso possível senão o próprio Deus — o verdadeiro Deus, porque os falsos deuses nada podem fazer a respeito, mesmo sob o nome do verdadeiro. O mal é infinito no sentido do indeterminado: matéria, espaço, tempo. Sobre esse tipo de infinito, apenas o verdadeiro infinito prevalece. Por isso, a cruz é uma balança em que um corpo frágil e leve, mas que era Deus, levantou o peso do mundo inteiro. "Dê-me um ponto de apoio e erguerei o mundo." Esse ponto de apoio é a cruz. Não pode haver outro. Ele deve estar no cruzamento do mundo e do que não é o mundo. A cruz é esse cruzamento.

---

[53] "Equilíbrio produzido pelo corpo", em latim. (N. do T.)

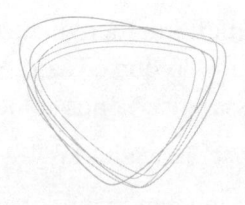

O IMPOSSÍVEL

A vida humana é impossível. Mas só o infortúnio nos faz sentir sua impossibilidade.

O bem impossível: "O bem gera o mal, o mal e o bem; e quando isso vai acabar?".

O bem é impossível. Mas o homem sempre tem a imaginação à sua disposição para esconder de si mesmo essa impossibilidade do bem em cada caso particular (basta, a cada acontecimento que não nos esmaga, ocultar uma parte do mal e acrescentar um bem fictício — e alguns são capazes de fazê-lo, mesmo que eles próprios sejam esmagados) e, ao mesmo tempo, esconder "o quanto difere a essência daquilo que é necessário da essência do bem" e se proibir de encontrar realmente Deus, que não é nada além do próprio bem, que não se encontra em nenhum lugar deste mundo.

O desejo é impossível; ele destrói seu objeto. Os amantes não podem ser um, nem Narciso pode ser dois. Don Juan, Narciso. Como desejar algo é impossível, devemos desejar o nada.

Nossa vida é impossibilidade, absurdo. Tudo o que queremos é contraditório com as condições ou consequências que lhe estão associadas; cada afirmação que fazemos implica a afirmação contrária; todos os nossos sentimentos estão misturados a seus opostos. Somos contraditórios, pois somos criaturas, somos Deus e infinitamente diferentes de Deus.

A contradição por si só prova que não somos tudo. A contradição é nossa miséria, e o sentimento da nossa miséria é o sentimento da realidade. Porque não fabricamos nossa miséria. Ela é verdadeira. É por isso que devemos valorizá-la. Todo o resto é imaginário.

A impossibilidade é a porta para o sobrenatural. Basta bater à porta. É outro que a abre.

Devemos atingir a impossibilidade para sair do sonho. Não há impossibilidade em um sonho. Apenas impotência.

"Pai nosso, que estais no céu." Há uma espécie de humor nessa frase. Ele é seu Pai, mas tente ir procurá-lo lá no céu! Somos tão incapazes de nos elevar quanto uma minhoca. E como Ele poderia vir até nós sem descer? Não há nenhuma maneira de representar uma relação entre Deus e o homem que não seja tão ininteligível quanto a encarnação. A Encarnação arruína essa ininteligibilidade. Ela é a forma mais concreta de pensar nessa descida impossível. Então, por que não seria ela verdadeira?

Os laços que não conseguimos amarrar são o testemunho do transcendente.

Somos seres que pensam, que desejam e que amam e, assim que focamos a atenção nos objetos do pensamento, do desejo e do amor, reconhecemos claramente que não há nenhum que não seja impossível. Apenas a mentira pode ocultar essa evidência. A consciência dessa impossibilidade nos obriga a desejar continuamente apreender o indescritível por meio de tudo o que desejamos, conhecemos e queremos.

Quando algo parece impossível de obter, por mais esforço que façamos, ele indica um limite intransponível nesse nível e a necessidade de uma mudança de nível, de uma ruptura do limite. Esgotarmo-nos em esforços nesse nível degrada. É melhor aceitar o limite, contemplá-lo e saborear toda a sua amargura.

O erro como motivação, como fonte de energia. Acredito ter avistado um amigo. Corro até ele. Um pouco mais perto, percebo que a pessoa na direção de quem estou correndo é outra pessoa, um estranho. Do mesmo modo, confundimos o relativo com o absoluto, as coisas criadas com Deus.

Todas as motivações particulares são erros. A energia que não provém de nenhuma motivação é a única boa: a obediência a Deus, ou seja — já que Deus vai além de tudo o que podemos imaginar ou conceber — a obediência a nada. Ao mesmo tempo, trata-se de algo impossível e necessário — em outras palavras, algo sobrenatural.

Uma benção. Ela será uma boa ação se, ao executá-la, estivermos absolutamente conscientes de que uma benção é completamente impossível.

Façamos o bem. O que quer que eu faça, sei perfeitamente que não se trata do bem. Porque aquele que não é bom não faz o bem. E "apenas Deus é bom"...

Em qualquer situação, façamos o que fizermos, fazemos o mal, e um mal intolerável.

É preciso pedir que todo o mal que fazemos recaia apenas, e diretamente, sobre nós mesmos. Essa é a cruz.

É boa a ação que somos capazes de realizar mantendo a atenção e a intenção totalmente voltadas para o bem puro e impossível, sem nos ocultar atrás de nenhuma mentira, atrativo ou impossibilidade do bem puro.

Nisso, a virtude é absolutamente análoga à inspiração artística. É belo o poema composto com a atenção voltada para a inspiração indefinível, tida como indefinível.

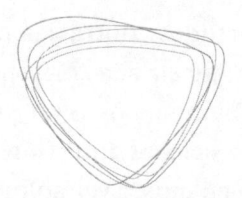

CONTRADIÇÃO

As contradições com que ferimos a mente, realidades em si, critério da realidade. Nenhuma contradição na imaginação. A contradição é o teste da necessidade.

A contradição vivida no fundo do ser é o desmembramento, é a cruz.

Quando a atenção fixada em algo faz com que a contradição se manifeste, ela se concretiza como afastamento. Perseverando dessa maneira, alcançamos o desapego.

A correlação representável dos opostos é uma imagem da correlação transcendente dos contraditórios.

Todo bem verdadeiro envolve condições contraditórias e, portanto, é impossível. Aquele que mantém sua atenção verdadeiramente fixa nessa impossibilidade e age fará o bem.

Da mesma forma, toda verdade contém uma contradição. A contradição é a ponta da pirâmide.

A palavra *bem* não tem o mesmo significado enquanto termo da correlação bem-mal, nem como determinante do próprio ser que é Deus.

Existência de virtudes contrárias na alma dos santos. A metáfora da elevação tem nela sua correspondência. Se eu andar na encosta de uma montanha, posso ver primeiro um lago e, em seguida, depois de alguns passos, uma floresta. É preciso escolher: o lago ou a floresta. Se eu quiser ver ao mesmo tempo o lago e a floresta, tenho que subir mais alto.

Só a montanha não existe. Ela é feita de ar. Não podemos escalá-la: temos que ser alçados ao alto.

Prova ontológica experimental. Não tenho nenhum princípio de ascensão em mim. Não posso escalar o ar até o céu. É apenas direcionando meus pensamentos para algo melhor do que eu que esse algo me puxará para cima. Se sou realmente alçado, esse algo é real.

Nenhuma perfeição imaginária pode me alçar nem um milímetro mais alto. Pois uma perfeição imaginária é automaticamente encontrada no mesmo nível que o eu que a imagina, nem mais alto nem mais baixo.

Esse efeito da orientação do pensamento não é de modo nenhum comparável à sugestão. Se eu disser a mim mesma todas as manhãs: sou corajosa, não tenho medo, posso me tornar corajosa, mas com uma coragem conforme aquilo que, em minha imperfeição atual, eu represento sob tal nome e que, consequentemente, não irá além dessa imperfeição. Será uma transformação no mesmo nível, e não uma mudança de nível.

A contradição é o critério. Não conseguimos obter coisas incompatíveis por intermédio da sugestão. Apenas a graça tem essa capacidade. Um ser terno que se torna corajoso por sugestão acaba endurecido, muitas vezes até mesmo destruindo sua ternura por uma espécie de prazer selvagem. Somente a graça pode oferecer coragem deixando intacta a ternura, ou oferecer ternura deixando a coragem intacta.

A grande dor do homem, que começa na infância e continua até a morte, é que olhar e comer são duas operações diferentes. A eterna bem-aventurança é um estado em que olhar é comer.

O que estamos vendo aqui não é real, é um cenário. O que comemos é destruído, deixa de ser real.

O pecado produziu essa separação em nós.

As virtudes naturais — se tomarmos a palavra virtude no sentido autêntico, ou seja, excluindo as imitações sociais da virtude — só são possíveis, como condutas permanentes, àquele que tem em si mesmo a graça sobrenatural. Sua duração é sobrenatural.

Contrários e contraditórios. O que a proporção de opostos pode fazer para alcançar o ser natural, os contraditórios pensados juntos podem fazer para alcançar Deus.

Um homem inspirado por Deus é um homem que tem comportamentos, pensamentos e sentimentos ligados por um elo irrepresentável.

Ideia pitagórica: o bem é sempre definido pela união dos contrários. Quando o experimentamos, voltamos ao início. Isso é o que o Bhagavad Gita chama de "a confusão dos opostos". A dialética marxista é uma visão muito degradada e totalmente distorcida dessa definição.

Má união de contrários. O imperialismo operário desenvolvido pelo marxismo. Provérbios latinos sobre a insolência dos escravos recém-libertados. A insolência e a servidão se agravam mutuamente. Anarquistas sinceros, vislumbrando através de uma névoa o princípio da união dos contrários, acreditaram que, ao dar poder ao oprimido, o mal seria destruído. Sonho impossível.

O que há então de específico na união boa e má dos contrários?

A má união dos contrários (má por ser falsa) é aquela que se faz no mesmo nível em que estão os contrários. Daí a concessão da dominação aos oprimidos: não abandonamos o par opressão-dominação.

A união correta dos contrários é feita um nível acima daquele em que ambos se encontram. Assim, a oposição entre dominação e opressão se resolve no nível da lei, que é o equilíbrio.

Da mesma maneira, a dor (e eis aí sua função) separa os contrários unidos para reuni-los novamente em um nível superior àquele de sua primeira união. Pulsação dor-alegria. Mas a alegria sempre vence matematicamente.

A dor é violência, a alegria é doçura, mas a alegria é mais forte.

A união dos contraditórios é o desmembramento: impossível sem um sofrimento extremo.

A correlação dos contraditórios é o desapego. Um apego a algo particular só pode ser destruído por um apego incompatível. Por isso: "Amai vossos inimigos... Aquele que não odeia seu pai e sua mãe...".

Ou nos submetemos aos contrários, ou nos submetemos aos contrários.

Existência simultânea de incompatíveis no comportamento da alma; a balança que pende de ambos os lados ao mesmo tempo é a santidade, a realização do microcosmo, a imitação da ordem do mundo.

Existência simultânea de virtudes contrárias na alma como garras para alcançar a Deus.

Encontremos e formulemos determinadas leis da condição humana, das quais muitas observações profundas trazem à luz casos particulares.

Assim, o que é absolutamente superior reproduz o que é absolutamente inferior, mas transposto.

Parentesco do mal com a força, com o ser, e do bem com a fraqueza, com o nada.

E, ao mesmo tempo, o mal é a privação. Elucidemos a maneira como os contraditórios devem ser verdadeiros.

Método de investigação: assim que tivermos pensado em algo, descubramos em que sentido seu contrário é verdadeiro[54].

---

[54] Este aforismo nos dá a chave para as aparentes contradições que permeiam a obra de Simone Weil: o amor à tradição e o desapego do passado, Deus concebido ao mesmo tempo como realidade suprema e como nada etc. Essas contradições são verdadeiras em diferentes níveis da existência, e sua oposição é reordenada no nível do amor sobrenatural. A razão percebe as duas pontas da cadeia, mas o centro que as une só é acessível à intuição não representável. (Nota do editor do original.)

O mal é a sombra do bem. Todo bem real, dotado de solidez e profundidade, projeta o mal. Só o bem imaginário não o projetaria.

Estando todo bem ligado a um mal, se desejamos o bem e não queremos espalhar ao nosso redor o mal que lhe corresponde, somos obrigados — já que não podemos evitar esse mal — a concentrá-lo em nós mesmos.

Assim, o desejo do bem absolutamente puro implicará na aceitação do grau mais alto de infortúnio.

Se desejamos apenas o bem, acabamos nos colocando em oposição à lei que liga o verdadeiro bem ao mal, assim como o objeto iluminado à sua sombra e, estando em oposição à lei universal do mundo, é inevitável que caiamos no infortúnio.

O mistério da cruz de Cristo reside em uma contradição, pois se trata, ao mesmo tempo, de uma oferta consentida e de um castigo sofrido inconscientemente. Se víssemos apenas a oferta, poderíamos querer o mesmo para nós mesmos. Mas não podemos querer sofrer um castigo inconscientemente.

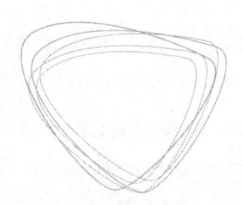

A DISTÂNCIA ENTRE O NECESSÁRIO E O BEM[55]

A necessidade é o véu de Deus.

Deus confiou todos os fenômenos sem exceção ao mecanismo do mundo[56].

Como há em Deus o análogo de todas as virtudes humanas, também há a obediência. Trata-se do contrário à necessidade que Ele deixa neste mundo.

Necessidade, imagem compreensível à inteligência da indiferença, da imparcialidade de Deus.

---

55 Conforme o "Livro VI" de *A República*, de Platão. (Nota do editor do original.)
56 É significativo notar que Simone Weil estende o determinismo cartesiano e espinosista a todos os fenômenos naturais, incluindo os fatos psicológicos. A gravidade, para ela, só é vencida pela graça. Desconhece, assim, a margem de indeterminação e de "gratuidade" que Deus deixou na natureza, e que permite a inserção da liberdade e dos milagres no mundo. O fato é que, de fato, a gravidade é praticamente onipotente: São Tomás reconhece que a maioria das ações humanas é ditada pelo apetite cego dos sentidos e sujeita ao determinismo dos astros. (Nota do editor do original.)

Assim, a noção comum de milagre é uma espécie de impiedade (um fato que não teria uma segunda causa, apenas a primeira).

A distância entre o necessário e o bem é a mesma distância que há entre a criatura e o criador.

A distância entre o necessário e o bem. Algo a se contemplar infinitamente. A grande descoberta da Grécia. A queda de Troia provavelmente lhes ensinou isso.

Qualquer tentativa de justificar o mal por algo diferente do que ele é realmente representa uma ofensa contra sua própria verdade.

Apenas aspiramos a rejeitar o fardo intolerável da dicotomia bem-mal, fardo assumido por Adão e Eva.

Para tanto, é preciso ou confundir "a essência do necessário e do bem" ou deixar este mundo.

Para purificar o mal, existe apenas Deus ou a besta social. A pureza purifica o mal. A força também, mas de uma forma completamente diferente. Àquele que tudo pode tudo é permitido. Quem serve a um todo-poderoso nele tudo pode. A força nos liberta do par de contrários bem-mal. Ela liberta quem a exerce, e também aqueles que se submetem a ela. A um mestre tudo é consentido, a um escravo também. A espada, tanto no cabo como na ponta, liberta da obrigação, que é seu peso intolerável. A graça também entrega, mas apenas a atingimos por obrigação.

Apenas escapamos do limite ascendendo à unidade, ou descendo até o ilimitado.

O limite é o testemunho de que Deus nos ama.

A expectativa da aproximação do fim do mundo moldou o comportamento da Igreja primitiva. Essa crença produziu nela "o esquecimento da imensa distância que separa o necessário do bem".

A ausência de Deus é o testemunho mais maravilhoso do amor perfeito, e é por isso que a necessidade pura, a necessidade manifestamente diferente do bem, é tão bela.

O ilimitado é o teste do *um*. O tempo é o teste do eterno. O possível, do necessário. A variação, do invariável.

O valor de uma ciência, uma obra de arte, uma moral ou uma alma se mede pelo seu grau de resistência a tal teste.

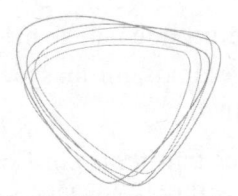

ACASO

Os seres que eu amo são criaturas. Eles nasceram do acaso. Meu encontro com eles também é uma coincidência. Eles morrerão. O que eles pensam, o que sentem e o que fazem é limitado e uma mistura de bem e mal.

Saibamos disso com toda a nossa alma, sem amá-los menos.

Imitemos a Deus, que ama infinitamente as coisas finitas como coisas finitas.

Gostaríamos que tudo o que tem qualquer valor fosse eterno. Ora, tudo o que tem valor é produto de um encontro, dura o quanto durar o encontro e cessa quando o que se encontrou se separa. É o pensamento central do budismo (pensamento heraclitiano[57]). Isso leva diretamente a Deus.

A meditação sobre o acaso que uniu meu pai e minha mãe é ainda mais salutar do que a meditação sobre a morte.

---

[57] O filósofo grego Heráclito (s.d.) defendia que não havia uma unidade natural no mundo, apenas duelos e dualidade constantes. "O mundo é um eterno devir", afirmava o filósofo, querendo dizer que a mudança, uma constante imprevisível, caracterizava a natureza deste mundo. (N. do T.)

Existe algo em mim que não se originou nesse encontro? Apenas Deus. E, uma vez mais, minhas ideias acerca de Deus têm sua origem nesse encontro.

Estrelas e árvores frutíferas em flor. A completa permanência e a extrema fragilidade também transmitem a sensação da eternidade.

As teorias sobre o progresso, sobre o "gênio que perscruta continuamente", partem do fato de que é intolerável imaginar o que há de mais precioso no mundo deixado ao acaso. E é justamente por ser intolerável que devemos contemplar tal coisa.

A criação é exatamente isso.

O único bem que não está sujeito ao acaso é aquele que está fora do mundo.

A vulnerabilidade das coisas preciosas é linda porque a vulnerabilidade é uma marca da existência.

Destruição de Troia. Pétalas caindo de árvores frutíferas em flor. Saber que o mais precioso não está enraizado na existência. Isso é lindo. Por quê? Porque esse fato projeta a alma para fora do tempo.

A mulher que deseja um filho branco como a neve, vermelho como o sangue, acaba o obtendo, mas ela morre e o filho é entregue a uma madrasta.

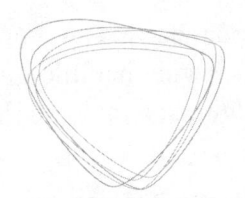

AQUELE A QUEM DEVEMOS AMAR ESTÁ AUSENTE

Deus só pode estar presente na criação sob a forma da ausência.

O mal e a inocência de Deus. É necessário colocar Deus a uma distância infinita para concebê-lo inocente de qualquer mal: reciprocamente, o mal indica que é necessário colocar Deus a uma distância infinita.

Este mundo completamente vazio de Deus é o próprio Deus.

É por isso que qualquer consolo no infortúnio nos afasta tanto do amor como da verdade.

Eis o mistério dos mistérios. Quando o compreendemos, estamos seguros.

"No deserto oriental..." É preciso estar em um deserto. Porque aquele que é preciso amar está ausente.

Quem põe sua vida na fé em Deus pode perder a fé.

Mas aquele que põe sua vida no próprio Deus jamais a perderá. Coloquemos nossa vida naquilo que não podemos compreender de maneira alguma. É impossível. É uma morte. É disso que precisamos.

Nada que existe é absolutamente digno de amor.

Devemos, portanto, amar o que não existe.

Mas esse objeto de amor que não existe não é uma ficção. Pois nossas ficções não podem ser mais dignas de amor do que nós mesmos — que não o somos.

Consentimento para o bem, não para qualquer bem apreensível e representável, e sim consentimento incondicional para o bem absoluto.

Ao consentirmos aquilo que representamos como o *bem*, consentimos uma combinação de bem e de mal, e esse consentimento produz tanto bem como mal: a proporção de bem e de mal em nós não muda. Pelo contrário, o consentimento incondicional ao bem que não podemos e que nunca poderemos representar em nós mesmos, esse consentimento é bem puro e produz apenas o bem, e basta que ele dure para que, no fim das contas, toda a alma seja unicamente bem.

A fé (quando se trata de uma interpretação sobrenatural do natural) é uma conjectura baseada, por analogia, em experiências sobrenaturais. Assim, aqueles que possuem o privilégio da contemplação mística, tendo experimentado a misericórdia de Deus, assumem que o mundo criado por Ele — um Deus supostamente sendo misericórdia — seja uma obra de misericórdia. Mas, para constatar essa mesma misericórdia diretamente na natureza, é preciso que nos tornemos cegos, surdos e desprovidos de piedade, para daí então acreditar que podemos fazê-lo. Também os judeus e os muçulmanos, que querem encontrar na natureza as provas da misericórdia divina, são impiedosos. E, frequentemente, também os cristãos.

É por isso que o misticismo é a única fonte da virtude da humanidade. Porque tanto não acreditar que atrás da cortina do mundo existe uma misericórdia infinita como acreditar que essa misericórdia está diante da cortina nos torna cruéis.

Há quatro testemunhos da misericórdia divina aqui embaixo. As graças de Deus aos seres capazes de contemplação (esses estados existem e fazem parte de sua experiência enquanto criaturas). O brilho desses seres e sua compaixão, que nada mais é do que a compaixão divina neles. A beleza do mundo. O quarto testemunho é a completa ausência de misericórdia aqui embaixo[58].

Encarnação. Deus é fraco, por ser imparcial. Ele envia os raios do sol e a chuva tanto sobre os bons como sobre os maus. Essa indiferença do Pai e a fraqueza do Cristo são correspondentes. Ausência de Deus. O reino dos dois é como um grão de mostarda... Deus não muda nada, em nada. Matamos Cristo, em virtude de nossa raiva, simplesmente porque ele era Deus.

Se eu acreditasse que Deus me enviou a dor por um ato de sua vontade, para meu bem, acreditaria que sou algo e negligenciaria a principal utilidade da dor, que é me ensinar que não sou nada. Portanto, não pensemos em nada similar. Mas temos que amar a Deus por intermédio da dor.

Sou obrigado a amar ser nada. Como seria horrível se eu fosse algo. Amar o meu nada, amar ser o nada. Amar com a parte da alma que está situada do outro lado da cortina, já que a parte da alma que é perceptível à consciência não pode amar o nada, ela o abomina. Se ela acredita amá-lo, o que ela ama é algo distinto do nada.

Deus envia o infortúnio indiscriminadamente, tanto aos maus como aos bons, assim como a chuva e o sol. Ele não reservou a cruz de Cristo. Ele entra em contato com o indivíduo humano como tal apenas pela graça puramente espiritual que responde ao olhar voltado para si, ou seja, na medida exata em que o indivíduo deixa de ser *um*. Nenhum evento é um favor de Deus, apenas a graça.

---

58 É precisamente por meio dessa antítese, desse dilaceramento entre os efeitos da graça em nós, da beleza do mundo que nos cerca e da implacável necessidade que rege o universo, que percebemos Deus ao mesmo tempo presente no homem e absolutamente irredutível em qualquer ação humana. (Nota da própria autora).

A comunhão é boa para os bons e má para os maus. Assim, as almas condenadas estão no paraíso, contudo, para elas, o paraíso é o inferno.

Grito de sofrimento: por quê? Ele ressoa em toda a *Ilíada*.

Explicar o sofrimento é consolá-lo; não é necessário, portanto, que ele seja explicado.

Daí o valor eminente do sofrimento dos inocentes. Ele se assemelha à aceitação do mal na criação por Deus, que é inocente.

O caráter irredutível do sofrimento, que torna impossível não nos horrorizar no momento em que estamos sofrendo, tem como objetivo deter a vontade, assim como o absurdo detém a inteligência, como a ausência detém o amor, a fim de que, tendo chegado ao fim das faculdades humanas, o homem estique os braços, pare, olhe e espere.

"Ele ri do infortúnio dos inocentes." Silêncio de Deus. Os ruídos aqui embaixo imitam esse silêncio. Eles não significam nada.

É quando, na profundeza de nossas entranhas, precisamos de um som que signifique algo, quando clamamos por uma resposta e ela não nos é dada, que compreendemos o silêncio de Deus.

Normalmente nossa imaginação coloca palavras nos ruídos enquanto brincamos preguiçosamente de ver formas na fumaça. Mas, quando estamos muito exaustos, quando não temos mais coragem de brincar, então precisamos de palavras de verdade. Gritamos para obtê-las. O grito rasga nossas entranhas. Apenas obtemos silêncio.

Depois de passar por isso, alguns começam a falar sozinhos, como os loucos. O que quer que façam depois disso, apenas devemos nos apiedar deles. Outros, pouco numerosos, entregam-se de todo coração ao silêncio.

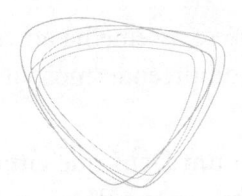

O ATEÍSMO PURIFICADOR

Casos de verdadeiras contradições. Deus existe, Deus não existe. Onde está o problema? Tenho certeza de que existe um Deus, do mesmo modo como tenho certeza de que meu amor não é ilusório. Tenho certeza de que Deus não existe, do mesmo modo como tenho certeza de que nada real se pareça com o que posso conceber quando pronuncio esse nome. Mas aquilo que não posso conceber não é uma ilusão.

Há dois ateísmos, um dos quais é uma purificação da noção de Deus.

Talvez tudo o que é mal tenha um segundo aspecto — uma purificação em progressão para se tornar bem — e ainda um terceiro, o bem superior.

Três aspectos a distinguir claramente, pois confundi-los é um grande perigo para o pensamento e a condução efetiva da vida.

Entre dois homens que não experimentaram Deus, aquele que O renega é talvez o que se encontre mais próximo Dele.

O falso Deus que se assemelha ao verdadeiro em tudo, tirando o fato de não o compreendermos, impede-nos para sempre o acesso ao verdadeiro.

Acreditemos em um Deus que em tudo se parece com o verdadeiro, tirando o fato de que ele não existe, e não chegaremos ao ponto em que Deus existe.

Os erros do nosso tempo são como o cristianismo sem o sobrenatural. O laicismo é a causa — e, acima de tudo, o humanismo.

A religião como fonte de consolação é um obstáculo à verdadeira fé: nesse sentido, o ateísmo é uma purificação. Tenho que ser ateu com a parte do eu que não foi feita para Deus. Entre os homens nos quais a parte sobrenatural não foi despertada, os ateus estão certos e os crentes estão errados.

Um homem cuja família inteira teria perecido na tortura, que teria sido ele próprio torturado por muito tempo em um campo de concentração. Ou um indígena do século 16 que escapou sozinho do completo extermínio de seu povo. Tais homens, se já acreditaram na misericórdia de Deus, ou não acreditam mais nela ou a concebem de uma maneira absolutamente diferente de antes. Eu não passei por essas coisas. Mas sei que elas existem: então, qual é a diferença?

Preciso me inclinar a uma concepção da misericórdia divina que não se esvai, que não muda, seja qual for o acontecimento que me envie o destino, e que possa ser comunicada a qualquer ser humano.

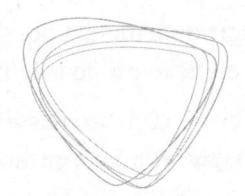

A ATENÇÃO E A VONTADE

Não busquemos compreender coisas novas, cheguemos à compreensão à custa de paciência, esforço e método, buscando as verdades evidentes com todo o nosso ser.

Níveis de crença. A verdade mais vulgar, quando invade toda a nossa alma, age como uma revelação.

Tentemos remediar as falhas pela atenção, não pela vontade.

A vontade só tem controle sobre alguns movimentos de alguns músculos, associados à representação do deslocamento dos objetos próximos. Posso querer colocar minha mão espalmada sobre a mesa. Se a pureza interior, ou a inspiração, ou a verdade no pensamento estivessem necessariamente associadas a atitudes desse tipo, elas poderiam ser objeto da vontade. Como não é o caso, resta-nos apenas implorar por tais coisas. Implorar por elas é acreditar que temos um Pai no céu. Ou devemos parar de desejá-las? O que é pior? A súplica interior é a única razoável, pois ela evita o enrijecimento dos músculos que nada têm a ver com isso. O que poderia ser mais tolo do que contrair os músculos e cerrar os maxilares para atingir a virtude, a poesia ou a solução de um problema? Por acaso a atenção é algo totalmente diferente?

O orgulho é um enrijecimento desse tipo. Há falta de graça (no duplo sentido da palavra) nos orgulhosos. É a consequência de um erro.

A atenção, em seu mais alto nível, é o mesmo que a oração. Ela pressupõe fé e amor.

A atenção absolutamente pura é a oração.

Se dirigimos a inteligência para o bem, é impossível que, pouco a pouco, toda a alma, involuntariamente, não se sinta atraída por ele.

A atenção extrema é o que constitui a faculdade criativa no homem, e a única atenção extrema é a religiosa. A quantidade de gênio criativo de uma época é estritamente proporcional à quantidade de atenção extrema e, portanto, de religião autêntica daquele tempo.

Forma errada de procura. Atenção ligada a um problema. Ainda outro fenômeno de horror ao vazio. Não queremos pôr nossos esforços a perder. Obstinação à caça. Não devemos querer encontrar algo: como no caso da devoção excessiva, acabamos nos tornando dependentes do objeto do esforço. Precisamos de uma recompensa externa, que, às vezes, o acaso oferece e que estamos prontos a receber à custa de uma distorção da verdade.

É apenas o esforço sem desejo (não apegado a um objeto) que traz infalivelmente uma recompensa.

Recuemos diante do objeto que perseguimos. Só o que é indireto é eficaz. Não fazemos nada se não recuamos inicialmente.

Ao puxar o cacho, fazemos cair por terra os gomos.

Há alguns esforços que têm o efeito oposto ao objetivo desejado (por exemplo: devotos amargurados, falsos ascetismos, certas devoções etc.). Outros são sempre úteis, mesmo que não tenham sucesso.

Como distingui-los?

Talvez os primeiros sejam acompanhados pela recusa (mentirosa) da miséria interior. Os outros, por sua vez, associam-se à atenção continuamente focada na distância entre o que somos e o que amamos.

O amor instrui deuses e homens, pois ninguém aprende sem desejar aprender. A verdade é buscada não como verdade, e sim como bem.

A atenção está ligada ao desejo. Não à vontade, e sim ao desejo. Ou mais precisamente, ao consentimento.

Liberamos a energia que há em nós mesmos. Mas, constantemente, ela volta a se conectar a nossos seres. Como liberá-la completamente? Devemos desejar que isso aconteça em nós mesmos. Desejar verdadeiramente. Simplesmente desejar, e não tentar conseguir. Porque qualquer tentativa nesse sentido é vã e tem um alto preço. Em tal esforço, tudo o que chamo de "eu" deve ser passivo. Só a atenção — uma atenção tão plena que o "eu" desaparece — é exigida de mim. Privar tudo o que chamo de "eu" da luz da atenção e trazê-lo de volta ao inconcebível.

A capacidade de expulsar um pensamento de uma vez por todas é a porta de entrada da eternidade. O infinito em um instante.

Com relação às tentações, tomemos o exemplo da mulher muito casta, que não responde ao sedutor quando ele fala com ela, fingindo não o ouvir.

Devemos ser indiferentes ao bem e ao mal, porém, sendo indiferentes, isto é, projetando a luz da atenção igualmente sobre ambos, o bem acabará vencendo por um fenômeno automático. Eis a graça essencial. E essa é a definição, o critério do bem.

Uma inspiração divina opera infalivelmente, irresistivelmente, se não desviarmos a atenção dela, se não a refutarmos. Não há escolha a ser feita a nosso favor, basta não nos recusar a reconhecer que ela existe.

A atenção amorosa a Deus (ou, em menor grau, a qualquer coisa genuinamente bela) torna algumas coisas impossíveis. Essa é a ação inativa da oração na alma. Há comportamentos que ocultariam essa atenção se realmente ocorressem e, reciprocamente, essa atenção impossibilita que eles apareçam.

À medida que possuímos um único ponto de eternidade na alma, nada mais temos a fazer senão preservá-lo, pois ele crescerá por si só, como uma semente. É preciso manter em torno dele uma guarda armada, imóvel, e alimentá-la com a contemplação dos resultados, das proporções fixas e rigorosas.

Alimentamos o invariável que está na alma pela contemplação do invariável que se encontra no corpo.

Escrevemos como damos à luz; não conseguimos evitar de fazer um esforço supremo. E, do mesmo modo, agimos. Não preciso ter medo de não fazer o esforço supremo. Contanto que eu não minta para mim mesma e preste atenção.

O poeta produz o belo ao fixar sua atenção no real. O mesmo acontece com o ato de amar. Saber que esse homem, que tem fome e sede, realmente existe tanto quanto eu — isso basta, o resto segue por si só.

Os valores de verdade, beleza e bondade — genuínos e puros — na atividade de um ser humano são produzidos por um único e mesmo ato, determinada aplicação ao objeto da plenitude da atenção.

O ensino não deveria ter como único propósito preparar para a possibilidade de tal ato pelo exercício da atenção.

Todos os outros benefícios da educação são irrelevantes.

Estudos e fé. Sendo a oração apenas a atenção em sua forma pura e os estudos constituindo uma ginástica da atenção, cada exercício escolar deve ser uma refração da vida espiritual. É preciso haver um método. Certa maneira de fazer uma versão latina, certa maneira de fazer um problema de geometria (e não uma maneira qualquer) constituem uma ginástica da atenção, que acaba por torná-la mais adequada à oração.

Método para compreender imagens, símbolos etc. Não tentando interpretá-los, e sim olhando para eles até que brilhe a luz.

De modo geral, um método de exercitar a inteligência, que consiste no olhar.

Aplicação desse método para a distinção entre o real e o ilusório. Na percepção sensível, se não temos certeza do que vemos, movemos nosso olhar, e o real aparece. Na vida interior, o tempo toma o lugar do espaço. Com o tempo, acabamos nos modificando e se, pelas modificações, mantivermos nosso olhar voltado para a mesma coisa, ao fim a ilusão se dissipa e o real aparece. Com a condição de que a atenção seja um olhar, e não um apego.

Quando há uma luta entre a vontade ligada a uma obrigação e um desejo mau, há um desgaste da energia ligada ao bem. Temos que suportar a mordida do desejo passivamente, como um sofrimento em que experimentamos suas misérias, mantendo nossa atenção voltada para o bem. Há, então, uma elevação na escala das qualidades da energia.

Roubemos a energia dos desejos tirando sua orientação no tempo.

Nossos desejos são infinitos em suas pretensões, mas limitados pela energia da qual procedem. É por isso que, com a ajuda da graça, podemos dominá-los e, ao esgotá-los, acabamos por destruí-los. Tão logo tenhamos entendido isso com clareza, virtualmente os conquistamos, se conservarmos a atenção em contato com essa verdade.

Video meliora[59]... Nesses estados, parece que estamos pensando o bem, mas, se pensamos em um único sentido, acabamos não pensando nas possibilidades.

O vazio que apreendemos nas garras da contradição é incontestavelmente o vazio superior, pois o apreendemos tanto melhor quanto mais aguçamos as faculdades naturais da inteligência, da vontade e do amor. O vazio inferior é aquele em que caímos ao permitir que nossas faculdades naturais se atrofiem.

A experiência do transcendente: ela parece contraditória, mas o transcendente só pode ser conhecido pelo contato, pois nossas faculdades não podem fabricá-lo.

Solidão. Afinal, em que consiste seu valor? Simplesmente por estar na presença da matéria simples (até mesmo o céu, as estrelas, a lua, as árvores em flor), de coisas de (talvez) um valor menor do

---

59 "Vejo o melhor", em latim. (N. do T.)

que o de um espírito humano. Seu valor consiste na possibilidade superior de atenção. Se pudéssemos estar atentos no mesmo grau na presença de um ser humano...

Só podemos saber uma coisa sobre Deus: que Ele é o que não somos. Somente nossa miséria é Sua imagem. Quanto mais a contemplamos, mais O contemplamos.

O pecado nada mais é do que a ignorância da miséria humana. É uma miséria inconsciente e, por isso mesmo, culpada. A história de Cristo é a prova experimental de que a miséria humana é irredutível, de que, no homem absolutamente sem pecado, ela é tão grande quanto no pecador. Ela está apenas mais visível...

O conhecimento da miséria humana é difícil para o rico, o poderoso, porque ele é quase invencivelmente levado a acreditar que é importante. Também é difícil para o miserável porque ele está quase invencivelmente inclinado a acreditar que os ricos, os poderosos, são importantes.

Não é a falta que constitui pecado mortal, e sim o grau de luz que está na alma quando a falta, qualquer que seja ela, é consumada.

A pureza é o poder de contemplar a impureza.

A pureza extrema pode contemplar tanto o puro como o impuro; a impureza não pode contemplar nem um nem outro: o primeiro a assusta, o segundo a absorve. Ela precisa de uma combinação.

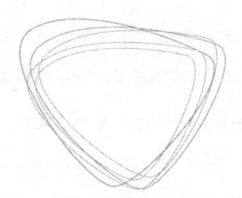

ADESTRAMENTO

Temos que realizar o possível para alcançar o impossível. O exercício correto, conforme o dever, das faculdades naturais da vontade, do amor e do conhecimento é, para as realidades espirituais, exatamente o mesmo que o movimento do corpo é para a percepção dos objetos sensíveis. Uma pessoa paralisada não há de percebê-los.

O cumprimento do dever estritamente humano é da mesma ordem que a correção nas operações de escrever, traduzir, calcular etc. Redigir essa correção é um desrespeito ao objeto. Assim como negligenciar o dever.

Só as coisas relacionadas à inspiração se alimentam de atrasos. Aquelas relacionadas ao dever natural, à vontade, não sofrem atrasos.

Os preceitos não são dados para ser praticados, mas a prática é prescrita para a compreensão dos preceitos. Há escalas a cumprir. Não podemos tocar Bach sem ter treinado as escalas. Mas tampouco treinamos escalas por elas mesmas.

Treinamento. A cada pensamento de orgulho involuntário que surpreendemos em nós mesmos, voltemos por alguns instantes o olhar cheio de atenção para a lembrança de uma humilhação da vida passada, e escolhamos a mais amarga, a mais intolerável possível.

Não devemos tentar mudar desejos, aversões, prazeres e dores em nós mesmos, tampouco apagá-los. É preciso que nos submetamos a eles passivamente, como sensações de cor, sem lhes dar mais crédito. Se minha vidraça é vermelha, não posso — ao raciocinar dia e noite durante um ano — deixar de ver meu quarto em tons cor-de-rosa. Sei também que é necessário, justo e bom que eu o veja assim. Ao mesmo tempo, apenas dou a essa cor, como informação, um crédito limitado pelo conhecimento de sua relação com o vidro. Aceitemos assim, e não de outra maneira, os desejos e aversões, prazeres e dores de toda espécie que ocorrem dentro de nós.

Por outro lado, como também temos em nós mesmos um princípio de violência — a saber, a vontade — também é necessário, em certa medida, mas na plenitude dessa medida, fazer uso violento desse princípio violento. Ao nos forçar, pela violência, a agir como se não tivéssemos esse desejo, essa aversão, ao tentar persuadir a sensibilidade, obrigando-a a obedecer, ela se revoltará, e precisaremos nos submeter passivamente a essa revolta, prová-la, saboreá-la, aceitá-la como algo externo, como o tom cor-de-rosa do quarto cuja vidraça é vermelha.

Cada vez que nos violentamos com esse espírito, avançamos — seja pouco ou muito, avançamos realmente — no processo de adestramento do animal em nós.

Claro, para que essa violência intrínseca a nós seja realmente usada para um adestramento, ela deve ser apenas um simples meio. Quando adestramos um cão para torná-lo mais obediente, não batemos nele apenas por bater, e sim para treiná-lo e, por isso, batemos nele somente quando ele falha em um exercício. Se batemos nele sem método, acabamos o tornando impróprio para o adestramento, e é isso que produz o mau ascetismo. As automutilações são permitidas apenas quando procedem da razão (para executar aquilo que temos claramente como um dever) ou, então, quando são impostas por um impulso irresistível da graça (mas então a violência não vem de nós mesmos).

A fonte de minhas dificuldades é que, por exaustão, por falta de energia vital, estou abaixo do nível da atividade normal. E se algo me agarrar e levantar, eu ficarei além desse nível. Portanto, seria lamentável para mim desperdiçar esse tempo em atividades ordinárias. Em outras ocasiões, eu teria de cometer uma violência incapaz de surgir de mim mesma.

Eu poderia aceitar a anomalia comportamental resultante. Mas eu sei, acho que sei, que não deveria. Tal anomalia inclui os crimes de omissão para com outrem. E essa anomalia me aprisiona.

Qual seria o melhor método, então[60]?

Tenho que praticar a transformação do sentimento de esforço em um sentimento passivo de sofrimento. Seja qual for o caso, quando Deus me envia sofrimento, sou forçada a sofrer tudo o que há para sofrer. Por que, diante do dever, não fazer tudo que há para fazer do mesmo modo?

Montanhas, rochas, caiam sobre nós e nos escondam da ira do cordeiro.

Nesse instante, eu mereço essa raiva.

Não nos esqueçamos que, segundo São João da Cruz, as inspirações que desviam do cumprimento das obrigações fáceis e baixas vêm do lado mau.

A nós é dado o dever de matar o "eu". E eu deixo um instrumento tão precioso enferrujar.

É preciso cumprir o dever no tempo prescrito para acreditar na realidade do mundo exterior.

É preciso acreditar na realidade do tempo. Caso contrário, havemos de sonhar.

Anos atrás, reconheci essa mancha em mim, reconheci sua importância e nada fiz para aboli-la. Que desculpa eu poderia ter encontrado?

---

60 "Se quiser, poderá me purificar" – trecho do *Evangelho*. (Nota da própria autora.)

Essa mácula não cresceu desde que eu tinha dez anos? Mas, por maior que ela esteja agora, já se apagou. Basta. Se ela for tão grande a ponto de me privar da possibilidade de apagá-la nesta vida e, consequentemente, de me possibilitar atingir o estado da perfeição, deverá ser aceita como tudo o que existe, com uma aceitação acompanhada de amor. Basta-me saber que ela existe, que ela é o mal, e ela se apagará. Porém, na verdade, sabendo cada uma dessas três coisas, e as três juntas envolvem o início e a continuação ininterrupta do seu processo de apagamento. Se esse processo não começar a ocorrer, é sinal de que não conheço realmente tudo isso que venho escrevendo.

A energia necessária reside em mim, pois tenho o suficiente para viver. Tenho de arrancá-la de mim, mesmo que eu morra.

Não há outro critério perfeito do bem e do mal além da oração interior ininterrupta — o que não a interrompe é permitido, o que a interrompe é proibido. É impossível prejudicar os outros quando agimos em estado de oração — desde que seja uma oração genuína. Mas antes de lá chegar, é necessário ter usado nossa própria vontade contra a observação das regras.

A esperança é o conhecimento de que o mal que carregamos conosco e que a mínima orientação da alma para o bem, mesmo que dure apenas um instante, acaba por destruí-lo um pouco, e que, no domínio espiritual, todo bem, infalivelmente, produz o bem. Quem não sabe disso está condenado ao tormento das Danaides[61].

Infalivelmente, o bem produz o bem e o mal produz o mal no reino da pureza espiritual. Pelo contrário, no domínio do natural (incluindo o psicológico), o bem e o mal ocorrem reciprocamente. Assim, podemos ter segurança apenas quando chegamos ao domínio do espiritual — o domínio em que não somos capazes de obter nada por nós mesmos, em que esperamos tudo vindo do externo.

---

61 Mito das cinquenta filhas de Dânao, herdeiro do trono do Egito, que mataram seus maridos (à exceção da mais velha delas, Hipermnestra) e foram condenadas a encher um copo d'água cheio de furos por toda a eternidade. (N. do T.)

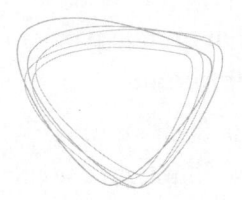

A INTELIGÊNCIA E A GRAÇA

Sabemos, por meio da inteligência, que aquilo que a inteligência não apreende é mais real do que o que ela apreende.

A fé é a experiência de que a inteligência é iluminada pelo amor.

Só a inteligência deve reconhecer — pelos meios que lhe são próprios, ou seja, a observação e a demonstração — a hegemonia do amor. Ela deve se submeter apenas a saber o porquê, e de maneira perfeitamente precisa e clara. Sem isso, sua submissão é um erro, e aquilo a que ela se submete, apesar do rótulo, é algo diferente do amor sobrenatural. Pode ser, por exemplo, uma influência social.

No reino da inteligência, a virtude da humildade nada mais é do que o poder da atenção.

A má humildade leva a crer que não somos nada enquanto formos nós mesmos, ou esse ou aquele ser humano em particular.

A verdadeira humildade é o conhecimento de que não somos nada enquanto seres humanos e, de forma mais geral, enquanto criaturas.

A inteligência tem grande participação nessa concepção. Devemos conceber o universal.

Quando ouvimos Bach ou uma melodia gregoriana, todas as faculdades da alma se contraem e se calam, para apreender essa coisa perfeitamente bela, cada uma a seu modo. Uma inteligência em meio a outras: ela não encontra nada a afirmar ou renegar suas congêneres, alimenta-se delas.

A fé não deveria passar por uma adesão desse gênero?

Degradamos os mistérios da fé os tornando objeto de afirmação ou negação quando deveriam ser apenas objeto de contemplação.

O papel privilegiado da inteligência no amor verdadeiro vem do fato de que sua natureza consiste em ser algo que se apaga simplesmente ao ser exercido. Posso fazer um esforço para chegar à verdade, mas quando a alcanço, lá está ela, e não me identifico.

Não há nada mais próximo da verdadeira humildade do que a inteligência. É impossível se orgulhar da própria inteligência quando a exercitamos de verdade. E quando a exercitamos, não nos apegamos a ela. Pois sabemos que, se nos tornássemos estúpidos no instante seguinte — e pelo resto de nossa vida — a verdade continuaria a existir.

Os mistérios da fé católica não devem ser aceitos por todas as partes da alma. A presença do Cristo na hóstia não é um fato como a presença da alma de Paulo no corpo de Paulo (aliás, ambos são completamente incompreensíveis, mas não da mesma maneira). A Eucaristia, portanto, não deve ser um objeto de crença para a parte do "eu" que apreende os fatos. Eis aí a verdade do protestantismo. Mas essa presença de Cristo na hóstia não é um símbolo, porque um símbolo é a combinação de uma abstração e de uma imagem, é algo representável para a inteligência humana, e não algo sobrenatural. Nisso, os católicos estão certos, e não os protestantes. Somente a parte do eu que é feita para o sobrenatural deve aceitar esses mistérios.

A parte da inteligência — a parte de nós que afirma e renega, que emite opiniões — é apenas submissão. Tudo o que concebo como verdadeiro é menos verdadeiro do que aquelas coisas cuja verdade não posso conceber, mas que amo. São João da Cruz chama a fé de uma noite. Para aqueles que tiveram uma educação cristã, as partes inferiores da alma se apegam a esses mistérios, mesmo que não tenham nenhum direito a eles. É por isso que eles precisam de uma purificação cujas etapas são descritas por São João da Cruz. O ateísmo e a incredulidade constituem um equivalente a essa purificação.

O desejo de descobrir algo novo nos impede de pensar no significado transcendente e irrepresentável daquilo que já foi descoberto. Minha completa falta de talento — que acaba me impedindo de ter tal desejo — é um grande favor que recebi. A ausência de dons intelectuais reconhecida e aceita inibe o exercício desinteressado da inteligência.

O objeto de pesquisa não deve ser o sobrenatural, e sim o mundo. O sobrenatural é a luz; se dela fizermos um objeto, acabamos por rebaixá-la.

O mundo é um texto com vários significados, e se passa de um significado a outro com certo esforço. Um esforço sempre feito pelo corpo, como quando aprendemos o alfabeto de uma língua estrangeira: esse alfabeto deve caber em nossa mão, ao traçar suas letras. Além desse esforço, qualquer mudança no modo de pensar é ilusório.

Não há necessidade de escolher entre diferentes opiniões: devemos acolhê-las todas, mas compô-las verticalmente e acomodá-las em níveis adequados.

Assim se dá o acaso, o destino, a Providência.

A inteligência nunca pode penetrar no mistério, mas é capaz — e apenas tem essa habilidade — de explicar a adequação das palavras que o expressam. Para essa utilidade, ela deve ser mais aguda, mais penetrante, mais precisa, mais rigorosa e mais exigente do que para qualquer outra.

Os gregos acreditavam que somente a verdade é boa para as coisas divinas, não o erro ou a aproximação, e o caráter divino de algo os tornava mais exigentes quanto à exatidão. (Fazemos exatamente o contrário, deformados como somos pelo hábito da propaganda.) Por terem visto na geometria uma revelação divina, inventaram a demonstração rigorosa...

É preciso, no domínio da relação do homem com o sobrenatural, buscar mais do que a precisão matemática, devemos ser mais precisos do que a ciência[62].

O racional no sentido cartesiano, isto é, o mecanismo, a necessidade humanamente representável, deve ser assumido sempre que possível, para trazer à luz o que lhe é irredutível.

O uso da razão torna as coisas transparentes à mente. Mas não vemos a transparência. Vemos o opaco através do transparente, o opaco que estava oculto quando o transparente não era transparente. Vemos ou a poeira no vidro, ou a paisagem por trás do vidro, mas nunca o vidro em si. Limpar a poeira nos serve apenas para ver a paisagem. A razão deve exercer sua função apenas para chegar aos verdadeiros mistérios, às verdades indemonstráveis que são o real. O incompreendido esconde o incompreensível e, por isso, deve ser eliminado.

A ciência, hoje, buscará uma fonte de inspiração acima de si mesma, ou perecerá.

A ciência tem apenas três interesses: (1) aplicações técnicas, (2) o jogo de xadrez e (3) o caminho para Deus. (O jogo de xadrez é embelezado com competições, prêmios e medalhas.)

Pitágoras. Somente essa concepção mística da geometria poderia fornecer o grau de atenção necessário aos primórdios dessa ciência. Além disso, não é plenamente reconhecido que a

---

[62] Eis aqui novamente uma daquelas contradições que só podem ser resolvidas no inefável: a vida mística — que depende apenas da arbitrariedade divina — está, no entanto, sujeita a leis rigorosas. São João da Cruz soube dar um esquema geométrico do percurso da alma até Deus. (Nota do editor do original.)

astronomia veio da astrologia, e a química da alquimia? Mas essa filiação é interpretada como progresso quando há degradação da atenção. A astrologia e a alquimia transcendentes são a contemplação das verdades eternas nos símbolos fornecidos pelos astros e nas combinações das substâncias. A astronomia e a química são suas degradações. A astrologia e a alquimia, enquanto magia, são degradações ainda mais baixas. Há plenitude da atenção apenas na atenção religiosa.

Galileu. Tendo como princípio o movimento retilíneo ilimitado, e não mais o movimento circular, a ciência moderna não poderia mais ser uma ponte até Deus.

A limpeza filosófica da religião católica nunca foi feita. Para fazê-la, teríamos que estar dentro e fora dela.

LEITURAS[63]

Os outros. Perceber cada ser humano (a imagem de si mesmo) como uma prisão onde mora um prisioneiro, com todo o universo ao seu redor.

Electra, filha de um pai poderoso, sujeita à escravidão, vê um jovem que lhe anuncia a morte do irmão — até então sua única esperança — e, no momento de mais completa angústia, descobre que o jovem e o irmão são a mesma pessoa. "Eles acreditavam ser o jardineiro." Reconhecer o irmão no estranho, reconhecer Deus no universo.

Justiça. Estejamos continuamente dispostos a admitir que o outro é algo diferente daquilo que lemos quando ele está presente (ou quando pensamos nele). Ou melhor, identifiquemos nele que se trata certamente de outra coisa, talvez algo bem distinto daquilo que lemos.

Cada ser clama em silêncio para ser lido de uma maneira diferente.

---

63 No espírito de Simone Weil, esta palavra significa interpretação afetiva, juízo concreto de valor. Vejo, por exemplo, um homem escalando um muro: instintivamente (e, talvez, erroneamente) "leio" nele um ladrão. (Nota do editor do original.)

Lemos, e também somos lidos pelos outros. Interferências dessas leituras. Forçar alguém a se ler como é lido (escravidão). Forçar os outros a nos ler como lemos nós mesmos (conquista). Mecanismo. Na maioria das vezes, um diálogo de surdos.

A caridade e a injustiça só se definem por leituras — e, assim, escapam a qualquer definição. O milagre do bom ladrão não foi pensar em Deus, e sim reconhecer Deus no próximo. Pedro antes do cantar do galo não reconhecia mais Deus no Cristo.

Outros se deixam matar por falsos profetas, ou leem erroneamente Deus.

Quem pode se gabar de que lerá corretamente?

Podemos ser injustos ao querer ofender a justiça ou simplesmente a lendo de modo errôneo. Mas é quase sempre o segundo caso.

Que forma de amor à justiça lhe trará garantias contra leituras errôneas?

Qual é a diferença entre o justo e o injusto se todos sempre se comportam de acordo com a maneira como leem a justiça?

Joana d'Arc: quase todos aqueles que hoje declamam versos a seu respeito a teriam condenado. Mas seus juízes não condenaram a santa, a virgem etc., e sim a bruxa, a herege etc.[64].

Causas de leituras errôneas: a opinião pública, as paixões.

A opinião pública é uma causa muito forte. Lemos na história de Joana d'Arc o que dita a opinião pública contemporânea. Mas ela estava incerta. E Cristo...

Nas questões morais fictícias, a calúnia está ausente.

Que esperança tem a inocência se ela não é reconhecida?

Leituras. A leitura — exceto por determinada qualidade de atenção — obedece a gravidade. Lemos as opiniões sugeridas pela gravidade (participação preponderante das paixões e

---

64 Conforme os textos do *Evangelho* sobre os autores de "leituras" errôneas: "Perdoai-os, ó Pai, pois eles não sabem o que fazem... Chegou a hora em que aqueles que O estão matando creem estar Lhe rendendo homenagens". (Nota do editor do original.)

do conformismo social nos julgamentos que fazemos acerca de pessoas e acontecimentos).

Com uma qualidade mais elevada de atenção, lemos a própria gravidade e vários sistemas possíveis de equilíbrio.

Leituras sobrepostas: ler a necessidade por trás da sensação, ler a ordem por trás da necessidade, ler Deus por trás da ordem.

"Não julgueis." O próprio Cristo não julga. Ele é o julgamento. A inocência sofredora como medida.

Julgamento, perspectiva. Nesse sentido, qualquer julgamento julga aquele que o exerce. Não julguemos. Não se trata de indiferença ou abstenção, apenas o julgamento transcendente, a imitação do julgamento divino, não nos é possível.

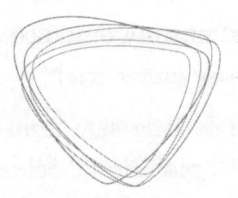

O ANEL
DE GIGES[65]

As outras civilizações. Suas falhas são dadas como prova da insuficiência das religiões às quais estão ligadas. No entanto, na Europa, durante os últimos vinte séculos de história, podemos facilmente encontrar falhas pelo menos equivalentes. A destruição da América pelos massacres dos povos e da África pela escravidão, as carnificinas do sul da França, assim como a homossexualidade grega e as orgias rituais no Oriente. Mas dizemos que na Europa havia tais falhas apesar da perfeição do cristianismo e, nas outras civilizações, em virtude da imperfeição da religião local.

Exemplo privilegiado, a ser contemplado por muito tempo, do mecanismo do erro. Temos que colocá-lo de lado. Ao apreciar

---

65 Artefato mítico, mencionado pelo filósofo Platão no segundo livro de *A República*, que concede a seu portador o poder de se tornar invisível sempre que quiser. (N. do T.)

a Índia ou a Grécia, conectamos o mal com o bem. Ao apreciar o cristianismo, deixamos de lado o mal[66].

Deixamos o mal de lado sem tomar conhecimento, eis aí justamente o perigo. Ou, pior ainda, deixamos o mal de lado por um ato voluntário, mas por um ato voluntário furtivo quanto à sua voluntariedade. E, então, deixamos de saber o que foi efetivamente deixado de lado. Não queremos saber e, por isso, acabamos não podendo fazê-lo.

Essa capacidade de desassociação permite todos os crimes. Para tudo aquilo que está fora do domínio em que a educação e o adestramento produziram conexões sólidas, ela constitui a chave da licenciosidade absoluta. É isso que permite aos homens comportamentos tão incoerentes, sobretudo sempre que intervém o social, os sentimentos coletivos (a guerra, o ódio entre nações e classes, o patriotismo ligado a um partido ou a uma igreja etc.). Tudo o que se reveste do prestígio da coisa social é posto em um lugar distinto e subtraído de determinadas relações.

Também usamos essa chave quando cedemos à atração do prazer.

Acabo cedendo quando adio, cotidianamente, o cumprimento de uma obrigação. Separo a obrigação do fluxo do tempo.

Não há nada mais desejável do que jogar fora essa chave. Seria preciso lançá-la em um poço em que ela jamais poderia ser recuperada.

O anel de Giges que nos torna invisíveis é justamente esse ato de deixar de lado, de separar. Separamos o crime que cometemos de nós mesmos. Deixamos de estabelecer a relação que existe entre os dois.

---

66 Simone Weil ilustra neste ponto uma verdade profunda com um exemplo mal escolhido. Quando um cristão (por exemplo, um inquisidor) se comporta com crueldade, é perfeitamente possível notar que ele age assim apesar de sua religião, pois esta exige acima de tudo a caridade. Mas, quando um nazista faz o mesmo, é legítimo atribuir (pelo menos em parte) sua conduta à sua doutrina, já que esta legitima a crueldade. (Nota do editor do original.)

O ato de jogar fora a chave, de jogar fora o anel de Giges, é o próprio esforço da vontade, é a marcha dolorosa e cega para fora da caverna.

Giges. Tornei-me rei, e o outro rei foi assassinado. Nenhuma conexão entre essas duas coisas. Eis o anel.

Um chefe de uma fábrica. Tenho tais e tais prazeres exorbitantes, ao passo que meus operários passam miséria. Ele pode até ter uma piedade sincera de seus trabalhadores e, mesmo assim, não estabelecer nenhuma relação.

Pois nenhuma relação é formada se o pensamento não a produz. Dois e dois permanecem dois e dois indefinidamente se o pensamento não os soma para formar quatro.

Odiamos pessoas que gostariam de nos levar a formar as relações que não queremos formar.

A justiça consiste em estabelecer nas coisas análogas relações idênticas entre termos homotéticos, mesmo quando algumas dessas coisas nos dizem respeito pessoalmente e são para nós objeto de apego.

Essa virtude se situa no ponto de contato entre o natural e o sobrenatural. Ela faz parte do domínio da vontade e da inteligência clara e, portanto, da caverna (porque nossa claridade é a escuridão), mas não podemos nos manter nela se não passarmos pela luz.

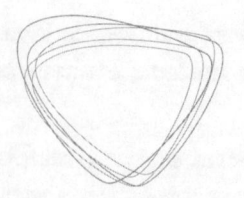

O SENTIDO DO UNIVERSO[67]

Somos uma parte que deve imitar o todo.

O *atman*[68]. Que a alma de um homem tome todo o universo como seu corpo. Que tenha com todo o universo a mesma relação de um colecionador com sua coleção, de um dos soldados que morreu gritando "viva o imperador!" com Napoleão. A alma se transporta para fora do próprio corpo, para uma coisa distinta. Que ela seja, portanto, transportada por todo o universo.

Identifiquemo-nos com o próprio universo. Tudo que for menos do que o universo estará sujeito ao sofrimento.

Mesmo que eu morra, o universo continua. Não me consola se sou outro, desconectado do universo. Mas se o universo é para a minha alma como outro corpo, minha morte deixa de ter

---

67 A identificação da alma com o universo aqui não tem nenhuma conexão com o panteísmo. Só podemos aceitar plenamente a necessidade cega que rege o universo aderindo por amor ao Deus que transcende o universo. Conforme o dito acima: "Este mundo, como completamente vazio de Deus, é o próprio Deus". (Nota do editor do original.)

68 "Alma" ou "sopro vital", em sânscrito. (N. do T.)

mais importância para mim do que a de um estranho. Assim são meus sofrimentos.

Que todo o universo seja para mim, em relação ao meu corpo, o que a bengala de um cego é em relação à sua mão. Ele, na verdade, não tem mais a sensibilidade na mão, e sim na ponta da bengala. E é preciso um aprendizado para isso.

Restringir o amor ao sujeito puro e estendê-lo a todo o universo são a mesma coisa.

Mudando a relação de si com o mundo — por meio do aprendizado — o trabalhador muda a relação de si com a ferramenta. O ferimento é o trabalho que entra no corpo. Que todo sofrimento traga o universo de volta ao corpo.

Hábito, habilidade: transportar a consciência para um objeto que não seja o próprio corpo.

Que esse objeto seja o universo, as estações, o sol, as estrelas.

A relação entre o corpo e a ferramenta muda na aprendizagem. Devemos mudar a relação entre o corpo e o mundo.

Não nos desapegamos, mudamos nosso apego. Que nos apeguemos a tudo.

Por meio de cada sensação, sintamos o universo. Então, que importará se sentimos prazer ou dor? Se temos nossa mão apertada por um ente querido, reencontrado depois de muito tempo, que importa se ele a aperta tão forte que nos causa dor?

Um grau de dor em que perdemos o mundo. Mas, depois, advém a paz. E se o paroxismo retornar, o apaziguamento também retornará. Esse mesmo grau, se o conhecermos, torna-se a expectativa do apaziguamento e, consequentemente, não corta nosso contato com o mundo.

Duas tendências-limite: destruir o eu em benefício do universo ou destruir o universo em benefício do eu. Aquele que não soube se tornar o nada corre o risco de chegar a um momento em que todas as coisas exceto ele deixam de existir.

Necessidade externa ou necessidade interna premente, como o respirar. "Que nos tornemos a respiração fundamental." Mesmo que a dor no peito dificulte a respiração, respiramos, não podemos evitar de fazê-lo.

Associemos o ritmo de vida do corpo ao do mundo, sintamos constantemente essa associação e também a eterna troca de matéria pela qual o ser humano se banha no mundo.

Aquilo que nada pode tirar de um ser humano enquanto ele viver: a respiração, enquanto movimento cuja vontade toma conta de si e, enquanto percepção, o espaço (mesmo em uma masmorra, mesmo com os olhos e os tímpanos furados, enquanto vivermos, perceberemos o espaço).

Anexemos a isso os pensamentos dos quais desejamos que nenhuma circunstância possa nos privar.

Amar o próximo como a si mesmo não significa amar igualmente todos os seres, já que não amo igualmente todos os meus próprios modos de existência. Nem tampouco jamais fazê-los sofrer, pois eu mesma não me recuso a sofrer. Significa, contudo, ter com cada um a relação de uma forma de pensar o universo com outra forma distinta de pensar o universo, e não com apenas uma parte do universo.

Não aceitar um acontecimento no mundo é desejar que o mundo não exista. Ora, isso está em meu poder: se eu quero, eu consigo. Sou, então, um abscesso do mundo.

Desejos no folclore: os desejos têm algo de perigoso, pois são concedidos.

Querer que o mundo não exista é querer que eu, tal como sou, seja tudo.

Que todo o universo, desde esta pedrinha aos meus pés até as estrelas mais longínquas, exista para mim em todos os momentos tanto quanto Agnes existe para Arnolfo[69] ou o baú existe para Harpagon[70].

Se eu quiser, o mundo pode me pertencer como o tesouro pertence ao avarento.

Mas se trata de um tesouro que não se expande.

Esse "eu" irredutível, que é o fundo irredutível do meu sofrimento, torna-o universal.

Que importa que nunca haja alegria em mim, uma vez que há uma alegria eternamente perfeita em Deus! E o mesmo se pode dizer quanto à beleza, à inteligência e a todas as coisas.

Desejar a própria salvação é ruim, não porque seja egoísta (não está ao alcance do homem ser egoísta), e sim porque dirige a alma a uma mera possibilidade particular e contingente, em vez de dirigi-la à plenitude do ser, em vez de dirigi-la ao bem incondicional.

Tudo o que desejo existe, ou existiu, ou existirá em algum lugar. Porque eu não posso inventar completamente. Então, como não ficar satisfeito?

Br[71]. Não pude deixar de imaginá-lo vivo, idealizando sua casa como um lugar possível, para mim, às suas doces conversas. Então, a consciência do fato de sua morte erigiu um terrível deserto em mim. Um frio metálico. Que me importava que houvesse outras pessoas para amar? O amor que eu lhe dirigia, acompanhado de esboços interiores, trocas que só poderiam acontecer com ele, era inútil. Agora não o imagino mais vivo e sua morte não é mais intolerável para mim. Sua memória é doce para mim. Mas há outros que eu não conhecia na época e cuja morte teria o mesmo efeito sobre mim.

....

69 Ver nota 38. (N. do T.)
70 Personagem da peça *O Avarento* (*L'Avare*), do dramaturgo francês Molière (1622-1673). (N. do T.)
71 Aqui, a autora faz referência ao próprio pai, Bernard Weil (1872-1955), médico francês. (N. do T.)

D...[72] não morreu, mas a amizade que eu tinha por ele está morta, acompanhada de uma dor semelhante. Ele é apenas uma sombra.

Mas não consigo conceber a mesma transformação para X..., Y..., Z... que, no entanto, eu não conhecia até bem pouco tempo atrás.

Assim como os pais não podem imaginar que uma criança era o nada três anos antes de seu nascimento, também não podemos imaginar que nem sempre conhecemos os seres que amamos.

Parece-me que amo mal: do contrário, as coisas não seriam como são para mim. Meu amor não estaria ligado a alguns seres. Ele estaria disponível a qualquer coisa digna de ser amada.

"Sejam perfeitos como seu pai celestial..." Amem como brilha o sol. É preciso trazer de volta nosso amor próprio para espalhá-lo a todas as coisas. Só Deus ama todas as coisas e apenas a Si mesmo.

Amar em Deus é muito mais difícil do que pensamos.

Posso contaminar todo o universo com minha miséria e não a sentir ou recolhê-la dentro de mim.

Apoiemos o desacordo entre a imaginação e o fato. "Estou sofrendo." Vale muito mais do que dizer: "Essa paisagem é feia".

Não queiramos mudar o próprio peso nas balanças do mundo — a balança de ouro de Zeus.

Toda vaca é leiteira, embora o leite seja extraído apenas dos úberes. Do mesmo modo, o mundo é produtor de santidade.

---

72 Não foram encontradas referências acerca da identidade da pessoa citada pela autora. (N. do T.)

METAXIA[73]

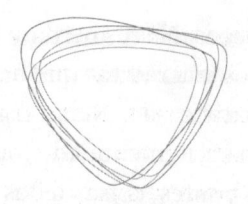

Todas as coisas criadas se recusam a ser propósitos para mim. Tal é a extrema misericórdia de Deus para comigo. E isso em si é o mal. O mal é a forma que a misericórdia de Deus assume neste mundo.

Este mundo é a porta fechada. É uma barreira. E, ao mesmo tempo, é a passagem.

Dois prisioneiros, em masmorras vizinhas, que se comunicam por batidas na parede. A parede é o que os separa, e também o que lhes permite a comunicação. Assim como acontece conosco em relação a Deus. Toda separação é um vínculo.

Ao colocar todo o nosso desejo de bem em uma coisa, fazemos dessa coisa uma condição de nossa existência. Mas ao fazer isso, não estamos fazendo o bem. Sempre queremos algo mais além de simplesmente existir.

As coisas criadas são, em essência, intermediárias. São intermediárias umas das outras, o que não tem fim. Elas são intermediárias em relação a Deus. Devemos experimentá-las como tal.

---

73 Ver nota 23. (N. do T.)

As pontes dos gregos. Nós as herdamos, porém não sabemos mais usá-las. Chegamos a acreditar que haviam sido feitas como um lugar onde construir casas. Nelas erguemos arranha-céus, aos quais estamos constantemente adicionando andares. Já não sabemos mais que são pontes, coisas feitas para a travessia, e que por elas vamos a Deus.

Só quem ama Deus com um amor sobrenatural pode ver os meios apenas como meios.

O poder (e o dinheiro, esse clichê do poder) é o meio puro. Por isso mesmo, é o fim supremo para todos aqueles que não compreenderam.

Este mundo, domínio da necessidade, nada nos oferece além de meios. Nossa vontade é constantemente despachada de um meio a outro, como uma bola de bilhar.

Todos os desejos são contraditórios, como o desejo por comida. Eu quero que a pessoa que eu amo me ame. Contudo, se ela se dedica completamente a mim, deixa de existir e eu deixo de amá-la. E até que se dedique completamente a mim, ela não me ama o suficiente. Fome e saciedade.

O desejo é mau e falso, no entanto, sem o desejo não buscaríamos o verdadeiro absoluto, o verdadeiro ilimitado. É preciso passar por esse estágio. Desafortunados os seres a quem a fadiga retira essa energia suplementar que é a fonte do desejo.

Desafortunados também aqueles cegos pelo desejo.

Temos que equilibrar nosso desejo no eixo dos polos.

O que é sacrilégio destruir? Não aquilo que é inferior, porque ele não tem importância. Não aquilo que é elevado, porque, mesmo que quiséssemos, não poderíamos alcançá-lo. A metaxia. A metaxia é a região do bem e do mal.

Não privemos nenhum ser humano de sua metaxia, isto é, dos bens relativos e mistos (lar, pátria, tradições, cultura etc.) que acalentam e nutrem a alma, sem os quais, fora da santidade, uma vida humana se torna impossível.

Os verdadeiros bens terrenos são metaxia. Apenas somos capazes de respeitar os bens alheios à medida que consideramos aqueles que os possuem como metaxia, o que implica que já estamos a caminho de nem sequer precisar deles. Para respeitar, por exemplo, os países estrangeiros, é preciso que façamos de nosso próprio país não um ídolo, e sim um degrau até Deus.

Todas as nossas faculdades atuando livremente, sem se misturar, a partir de um princípio uno. Eis o microcosmo, a imitação do mundo. Cristo segundo São Tomás[74]. O Justo de *A República*. Quando Platão fala da especialização, fala da especialização das faculdades no homem e não da especialização dos homens; o mesmo vale para a hierarquia. O secular com um significado que passa pelo e para o espiritual, mas sem se misturar com o espiritual. Passando pela nostalgia, pela superação. O secular como ponte, como metaxia. É a vocação grega e provençal.

Civilização dos gregos. Nenhuma adoração da força. O secular era apenas uma ponte. Nos humores, não procurávamos intensidade, e sim pureza.

---

[74] Referência a Tomás de Aquino (1225-1274), frade católico italiano cujas obras tiveram enorme influência na teologia e filosofia, principalmente na tradição conhecida como Escolástica. (N. do T.)

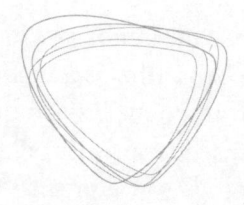

BELEZA

A beleza é a harmonia do acaso e do bem.

O belo é o necessário que, permanecendo conforme à própria lei e apenas a ela, obedece ao bem.

Objeto da ciência: o belo (isto é, a ordem, a proporção, a harmonia) como suprassensível e necessário.

Objeto de arte: o belo sensível e contingente, percebido através da tela do acaso e do mal.

O belo na natureza: união da impressão sensível e do sentimento da necessidade. Deve ser assim (em primeiro lugar) e, precisamente, assim o é.

A beleza seduz a carne para obter permissão para passar à alma.

O belo encerra, entre outras unidades de contrários, a unidade do instantâneo e a do eterno.

O belo é o que podemos contemplar. Uma estátua, um quadro que podemos olhar por horas.

A beleza é algo em que podemos prestar atenção.

Música gregoriana. Quando cantamos as mesmas coisas durante horas todos os dias e a cada dia, o que está um pouco abaixo da excelência suprema se torna insuportável e é eliminado.

Os gregos olhavam para seus templos. Toleramos as estátuas do Jardim de Luxemburgo porque não olhamos para elas.

Um quadro que possa ser colocado na cela de uma pessoa condenada ao isolamento perpétuo, sem que isso seja considerado uma atrocidade, pelo contrário.

O teatro imóvel é o único verdadeiramente belo. As tragédias de Shakespeare são de segunda categoria, a não ser *Rei Lear*. As de Racine, de terceira ordem, à exceção de *Fedra*. As de Corneille, da enésima ordem.

Uma obra de arte tem um autor, no entanto, quando é perfeita, há nela algo de essencialmente anônimo. Ela imita o anonimato da arte divina. Assim, a beleza do mundo é prova de um Deus pessoal e impessoal, e nem um nem outro.

O belo é uma atração carnal que mantém a distância e implica uma renúncia. Incluindo a renúncia mais íntima, a da imaginação. Queremos comer todos os outros objetos de desejo. A beleza é o que desejamos sem querer comê-la. Desejamos que ela exista.

Ficar imóvel e se unir àquilo que desejamos, sem nos aproximar.

Nós nos unimos a Deus desta forma: não podemos nos aproximar Dele.

A distância é a alma do belo.

Olhar e esperar, eis a atitude que corresponde ao belo. Enquanto pudermos conceber, querer, desejar, o belo não há de aparecer. É por isso que, em toda beleza, há contradição, amargura e ausência irredutíveis.

Poesia: dor e alegria impossíveis. Sentimento pungente, nostalgia. Assim é a poesia provençal e inglesa. Uma alegria que, por ser pura e sem mistura, dói. Uma dor que, por ser pura e sem mistura, acalma.

Beleza: um fruto que olhamos sem que estendamos a mão. Da mesma maneira, um infortúnio que olhamos sem que recuemos.

Movimento duplo descendente: refaçamos por amor o que a gravidade faz. O duplo movimento descendente não é a chave de toda a arte[75]?

O movimento descendente, espelho da graça, é a essência de toda música. O resto serve apenas para consagrá-lo.

A ascensão das notas é uma ascensão puramente sensível. A descida é, ao mesmo tempo, descida sensível e ascensão espiritual. Este é o paraíso que todo ser deseja: que a inclinação da natureza faça ascender em direção ao bem.

Em tudo o que suscita em nós o sentimento puro e autêntico do belo, há realmente a presença de Deus. Há uma espécie de encarnação de Deus no mundo, cuja beleza é a marca.

O belo é a prova experimental de que a encarnação é possível.

Portanto, toda arte de primeira ordem é essencialmente religiosa (eis o que deixamos de saber atualmente). Uma melodia gregoriana testemunha tanto quanto a morte de um mártir.

Se o belo é a presença real de Deus na matéria, se o contato com o belo é, no sentido pleno da palavra, um sacramento, como existem tantos estetas perversos? Nero. Tal fato se assemelha à fome dos amantes de missas negras por hóstias consagradas? Ou, mais provavelmente, será que essas pessoas não estariam apegadas a uma imitação de péssima qualidade, em vez de se apegar a uma beleza autêntica? Pois, assim como existe uma arte divina, existe uma arte demoníaca. Sem dúvida, era ela que Nero amava. Grande parte da nossa arte é demoníaca.

Um apaixonado por música pode muito bem ser um homem pervertido — mas eu dificilmente acreditaria nisso de alguém que anseia pelo canto gregoriano.

---

[75] *Descendit ad inferos* ("Desceu aos infernos", em latim)... Do mesmo modo, em outra ordem, a grande arte redime a gravidade a casando por amor. (Nota do editor do original.)

Podemos muito bem ter cometido crimes que nos amaldiçoaram, pois perdemos toda a poesia do universo.

A arte não tem futuro imediato porque toda arte é coletiva e não há mais vida coletiva (existem apenas coletividades mortas), e também em decorrência dessa ruptura do pacto verdadeiro entre o corpo e a alma. A arte grega coincidiu com os primórdios da geometria e o atletismo, a arte medieval com o artesanato, a arte renascentista com os primórdios da mecânica etc. Desde 1914, há uma ruptura completa. Até a comédia é praticamente impossível: só há espaço para a sátira (quando foi mais fácil entender Juvenal[76] do que hoje?). A arte só pode renascer do seio da grande anarquia — épica sem dúvida, porque o infortúnio terá simplificado muitas coisas... Portanto, é inútil de sua parte invejar Da Vinci ou Bach. A grandeza atual deve seguir outros caminhos. Aliás, só pode ser solitária, obscura e sem eco (ora, não há arte sem eco)...

---

76 Décimo Júnio Juvenal (ca. 55-ca. 127) foi um poeta e retórico romano, autor das *Sátiras*. (N. do T.)

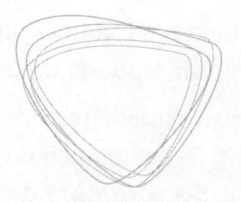

ÁLGEBRA

Dinheiro, maquinário, álgebra. Os três monstros da civilização atual. Analogia completa.

A álgebra e o dinheiro são essencialmente niveladores, o primeiro intelectualmente, o segundo efetivamente.

A vida dos camponeses da região da Provença deixou de se assemelhar à dos camponeses gregos descritos por Hesíodo[77] há cerca de cinquenta anos. Destruição da ciência como concebida pelos gregos por volta da mesma época. Dinheiro e álgebra triunfaram simultaneamente.

A relação do signo com o significado perece; o jogo das trocas entre signos se multiplica por si e para si. E a crescente complicação exige sinais de sinais...

Entre as características do mundo moderno, não nos esqueçamos da impossibilidade de pensar concretamente a relação entre o esforço e o resultado do esforço. Intermediários demais. Como nos outros casos, essa relação que não se encontra em nenhum pensamento se encontra em algo: no dinheiro.

---

[77] Hesíodo (s.d.) foi um poeta oral grego da Antiguidade, e geralmente se considera que tenha se mantido ativo entre 750 e 650 a.C. (N. do T.)

Como o pensamento coletivo não pode existir como pensamento, ele passa para as coisas (signos, máquinas...). Daí o paradoxo: é a coisa que pensa e o homem que se reduz ao estado de coisa.

Não há mais pensamento coletivo. Por outro lado, nossa ciência é coletiva, assim como nossa técnica. Especialização. Herdamos não apenas resultados, como também métodos que não compreendemos. Além disso, os dois são inseparáveis, pois os resultados da álgebra fornecem métodos para as outras ciências.

Fazer um inventário ou uma crítica da nossa civilização, o que isso significa? Procurar esclarecer de maneira precisa a armadilha que tornou o homem escravo das próprias criações. Por onde a inconsciência se infiltrou no pensamento e na ação metódicos? A fuga para uma vida selvagem é uma solução preguiçosa. Devemos redescobrir o pacto original entre o espírito e o mundo na própria civilização em que vivemos. Eis uma tarefa, aliás, impossível de realizar pela brevidade da vida e pela impossibilidade da colaboração e da sucessão. Isso não é motivo para não a empreender. Estamos todos em uma situação análoga à de Sócrates quando esperava a morte na prisão e aprendia a tocar lira... Pelo menos, teremos vivido...

O espírito que sucumbe sob o peso da quantidade não tem outro critério além da eficiência.

A vida moderna é entregue ao excesso. O excesso invade tudo: ação e pensamento, vida pública e privada. Daí a decadência da arte. Não há mais equilíbrio em lugar nenhum. O movimento católico está reagindo parcialmente contra isso: as cerimônias, pelo menos católicas, permaneceram intactas. Mas elas também não estão relacionadas com o resto da existência.

O capitalismo conseguiu a emancipação da comunidade humana em relação à natureza. Mas essa coletividade assumiu do indivíduo a função opressora antes exercida pela natureza.

Isso é verdade até mesmo materialmente. O fogo, a água etc. A coletividade se apoderou de todas essas forças da natureza.

Pergunta: podemos transferir para o indivíduo essa emancipação conquistada pela sociedade?

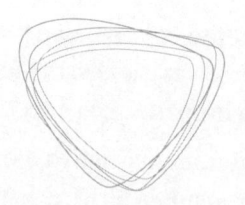

A CARTA SOCIAL

O homem é escravo na medida em que entre a ação e seu efeito, entre o esforço e o trabalho, coloca-se a intervenção de vontades alheias.

Atualmente, esse é o caso tanto do escravo como do senhor. O homem nunca se depara com as condições da própria atividade. A sociedade forma uma tela entre a natureza e o homem.

Estar diante da natureza, e não dos homens, é a única disciplina. Depender de uma vontade alheia é ser escravo. Ora, esse é o destino de todos os homens. O escravo depende do senhor, e o senhor do escravo. Situação que se torna ou suplicante ou tirânica, ou ambas ao mesmo tempo (*omnia serviliter pro dominatione*[78]). Ao contrário, diante da natureza inerte, não temos outro recurso senão pensar.

---

[78] "Ser totalmente servil para poder dominar", em latim. (N. do T.)

A noção de opressão é, em suma, uma estupidez: basta ler a *Ilíada*. E, ainda mais, a noção de classe opressora. Só podemos falar de uma estrutura opressiva da sociedade.

A diferença entre o escravo e o cidadão (Montesquieu, Rousseau...): o escravo está sujeito ao seu senhor e o cidadão, às leis. Além disso, o senhor pode ser muito gentil e as leis, muito duras: isso não muda nada. Tudo reside na distância entre o capricho e a regra.

Por que a subordinação ao capricho é escravidão? A causa última reside na relação entre a alma e o tempo. Aquele que está sujeito à arbitrariedade fica suspenso no tempo; ele espera (a situação mais humilhante...) pelo que o próximo momento trará. Ele não dispõe de momentos dele; para ele, o presente é apenas uma alavanca que influencia o futuro.

Encarar as coisas liberta o espírito. Encontrar-se face a face com os homens degrada, especialmente se dependermos deles, quer essa dependência assuma a forma de submissão, quer assuma a forma de comando.

Por que esses homens entre mim e a natureza?

Nunca esperemos ter um pensamento desconhecido (caso contrário, seremos entregues ao acaso)...

Remédio: além dos laços fraternos, tratemos os homens como um espetáculo e jamais busquemos a amizade. Vivamos em meio aos homens no trem entre as cidades de Saint-Étienne e Le Puy... Acima de tudo, nunca aceitemos sonhar com uma amizade. Tudo tem um preço. Contemos apenas com nós mesmos.

A partir de determinado grau de opressão, os poderosos necessariamente conseguem ser adorados por seus escravos. Porque a ideia de ser completamente coagido, um joguete de outro ser, é insuportável para um ser humano. A partir de então, se lhe forem tirados todos os meios de escapar dessa coerção, não lhe resta outro recurso senão se convencer de que ele realiza tudo aquilo a que está coagido voluntariamente, ou seja, substituindo a obediência pela devoção. E, às vezes, ele mesmo se esforçará para fazer mais do que lhe é imposto, e sofrerá menos com isso, pelo mesmo fenômeno que faz com que as crianças suportem, rindo, quando brincam, dores físicas que as dominariam se fossem infligidas como punição. É por esse desvio que a servidão corrompe a alma: de fato, essa devoção repousa sobre uma mentira, já que suas razões não resistem a uma análise mais profunda (Nesse sentido, o princípio católico da obediência deve ser visto como libertador, enquanto o protestantismo se baseia na ideia de sacrifício e devoção). A única salvação é substituir a insuportável ideia da coerção, não mais pela ilusão da devoção, e sim pela noção da necessidade.

Pelo contrário, a revolta, se não passa imediatamente a ações precisas e eficazes, transforma-se sempre no seu contrário, em virtude da humilhação produzida pelo sentimento de impotência radical que dela resulta. Em outras palavras, o principal apoio do opressor reside justamente na revolta impotente dos oprimidos.

Nesse sentido, poderíamos escrever o romance de um recruta de Napoleão.

E a mentira da devoção engana também o senhor...

Sempre consideremos os homens no poder como coisas perigosas. Evitemos ao máximo que puder sem nos subestimar. E, se um dia formos coagidos — sob pena de ser acusados de covardia — a enfrentar seu poder, podemos nos considerar derrotados pela natureza das coisas, não pela natureza dos homens. Podemos estar acorrentados em uma masmorra, tanto quanto podemos ficar cegos ou paralisados. Não há nenhuma diferença.

A única maneira de preservar a dignidade na submissão forçada é considerar o líder como uma coisa. Todo homem é escravo da necessidade, mas o escravo consciente é muito superior.

Problema social. Restringir ao mínimo a parte do sobrenatural indispensável para tornar a vida social respirável. Qualquer coisa que tende a aumentá-la é ruim (é tentar a Deus).

O infortúnio deve ser eliminado tanto quanto possível da vida social, pois serve apenas à graça, e a sociedade não é uma sociedade de eleitos. Sempre haverá infortúnios suficientes para os eleitos.

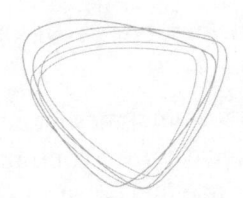

O GRANDE ANIMAL[79]

O grande animal é o único objeto de idolatria, o único *ersatz* de Deus, a única imitação de um objeto infinitamente distante de mim e que é o "eu".

Seria bom se pudéssemos ser egoístas. Seria um descanso. Mas, literalmente, não podemos.

É-me impossível tomar o "eu" como um fim e, consequentemente, tomar meu semelhante como um fim, visto que ele é meu semelhante. Tampouco nenhum objeto material, pois a matéria é ainda menos capaz de receber finalidade do que os seres humanos.

Só uma coisa aqui embaixo pode ser tomada como fim, porque possui uma espécie de transcendência em relação à pessoa humana: é o coletivo. O coletivo é o objeto de toda idolatria, é ele que nos acorrenta à terra. A avareza: o ouro é social. A ambição: o poder é social. A ciência e a arte também. E o amor? O amor é mais ou menos uma exceção; é por isso que alguém pode chegar a Deus por meio do amor, e não por intermédio da avareza ou da ambição. Mas o aspecto social não está ausente do amor (paixões

---

79 Sobre a origem deste mito, conforme Platão, no Livro VI de *A República*: adorar o "grande animal" é pensar e agir de acordo com os preconceitos e reflexos da multidão, em detrimento de qualquer busca pessoal da verdade e do bem. (Nota do editor do original.)

despertadas pelos príncipes, por pessoas famosas, todos os que têm prestígio etc.).

    Existem dois bens, com a mesma denominação, mas radicalmente diferentes: aquele que é o contrário do mal e aquele que é o absoluto. O absoluto não tem oposto. O relativo não é o oposto do absoluto, deriva dele por uma relação não comutativa. O que queremos é o bem absoluto. O que podemos alcançar é o bem correlativo do mal. Nele chegamos por engano, como o príncipe que se prepara para amar a serva no lugar da senhora. São as vestimentas que causam o erro. É o social que lança sobre o relativo as cores do absoluto. O remédio está na ideia de relação. A relação sai violentamente do social. Ela é o monopólio do indivíduo. A sociedade é a caverna, a saída é a solidão.

    A relação pertence ao espírito solitário. Nenhuma multidão concebe a relação. Isso é bom ou ruim em relação a... na medida em que... Esses conceitos escapam da multidão. Uma multidão não lhes acrescenta em nada.

    Quem está acima da vida social penetra nela quando quer, mas não quem está abaixo. O mesmo vale para tudo. Uma relação não comutativa entre o melhor e o pior.

    O vegetativo e o social são as duas áreas em que o bem não entra.

    Cristo redimiu o vegetativo, não o social. Ele não orou pelo mundo.

    O social é irredutivelmente o domínio do príncipe deste mundo. Não temos outro dever em relação à sociedade senão tentar limitar o mal (Richelieu: a salvação dos Estados está apenas neste mundo).

    Uma sociedade com pretensões divinas como a Igreja é talvez mais perigosa pelo *ersatz* do bem que contém do que pelo mal que a contamina.

    Um rótulo divino no social: uma mistura inebriante que encerra toda a licenciosidade. Diabo disfarçado.

    A consciência é abusada pelo social. A energia suplementar (imaginativa) depende em grande parte do social. É preciso separá-los. Eis o desapego mais difícil.

A meditação sobre o mecanismo social é, a esse respeito, uma purificação de primeira importância.

Contemplar o social é um caminho tão bom quanto se retirar do mundo. É por isso que não errei em me aproximar da política por tanto tempo.

É apenas ao entrar no transcendente, no sobrenatural, no espiritual verdadeiro que o homem se torna superior ao social. Até que isso aconteça, faça ele o que fizer, o social será de fato transcendente em relação ao homem.

No nível não sobrenatural, a sociedade é o que separa do mal (de certas formas de mal) como pela imposição de uma barreira; uma sociedade de criminosos ou de pessoas viciosas, mesmo que composta por alguns poucos homens, suprime essa barreira.

Mas o que leva a entrar em uma sociedade assim? Ou a necessidade, ou a leveza, ou, na maioria das vezes, uma mistura dos dois; não acreditamos que estamos nos comprometendo, pois não sabemos que, além do sobrenatural, só a sociedade nos impede de passar naturalmente às formas mais atrozes de vícios ou crimes. Não sabemos se vamos nos tornar outras pessoas, porque não sabemos até onde vai nosso domínio do influenciável por forças externas. Sempre nos envolvemos sem saber.

Roma é o grande animal ateu, materialista, que adora apenas a si mesmo; Israel é o grande animal religioso. Nenhum dos dois é amável. O grande animal é sempre repugnante.

Será que uma sociedade baseada apenas na gravidade é viável, ou um pouco de sobrenatural é uma necessidade vital?

Em Roma, talvez, apenas a gravidade.

Talvez também entre os hebreus. O Deus deles era pesado.

Talvez haja um único povo antigo absolutamente desprovido de misticismo: Roma. Por qual mistério? Em razão de uma comunidade artificial feita de fugitivos, como Israel.

O grande animal de Platão. O marxismo, à medida que é verdadeiro, está contido inteiramente na página de Platão sobre o grande animal, que contém também sua rejeição.

A força do social. O acordo entre vários homens detém um sentimento de realidade. Detém também um sentimento de dever. A divergência, quando nos referimos a esse acordo, surge como um pecado. Assim, todas as reversões são possíveis. Um estado de conformidade é uma imitação da graça.

Por um mistério singular, que se deve ao poder do social, a profissão dá aos homens comuns — em relação aos objetos que a ela se relacionam — virtudes que, estendidas a todas as circunstâncias da vida, os tornariam ou heróis ou santos.

Mas o poder do social torna essas virtudes naturais. Elas também precisam de compensação.

Fariseus: "Em verdade vos digo, eles já receberam sua paga". Por outro lado, Cristo poderia dizer, referindo-se aos publicanos e às prostitutas: "Em verdade vos digo, eles já receberam sua punição" — a saber, a reprovação social. Na medida em que a recebem, o Pai que está em segredo não os castiga. Em vez disso, os pecados que não têm reprovação social recebem toda a punição do Pai que está em segredo. Assim, a reprovação social é um favor do destino. Mas se torna um dano adicional àqueles que, sob a pressão dessa reprovação, produzem para si mesmos um meio social excêntrico, dentro do qual têm toda a liberdade. Círculos de criminosos, homossexuais etc.

O serviço do falso Deus (da Besta Social, em qualquer encarnação que seja) purifica o mal eliminando o horror. A quem o serve, nada parece mal, salvo os lapsos no serviço. Mas o serviço do verdadeiro Deus permite que o horror do mal subsista e até o torna mais intenso. Ao mesmo tempo, amamos esse mal que abominamos como emanado da vontade de Deus.

Os que hoje acreditam que um dos adversários está do lado do bem também acreditam que ele terá a vitória[80].

Enxergar um bem, amado como tal, como condenado pelo curso posterior dos acontecimentos é uma dor intolerável.

A ideia de que aquilo que não existe mais pode ser um bem é dolorosa e nós a descartamos. Eis a submissão ao grande animal.

---

[80] Estas linhas foram escritas em 1942. (Nota do editor do original.)

A força de espírito dos comunistas vem daquilo que eles sustentam, não apenas em relação àquilo que acreditam ser o bem, como também quanto ao que acreditam que ocorrerá em breve, inevitavelmente. Assim, eles podem, sem ser santos — longe disso — suportar perigos e sofrimentos que apenas um santo suportaria, em nome da justiça.

Em alguns aspectos, a mentalidade comunista é muito semelhante à dos primeiros cristãos.

Essa propaganda escatológica explica muito bem as perseguições do primeiro período.

"Aquele a quem pouco é dado pouco ama." Faz-se referência aqui àquele em quem a virtude social ocupa um grande lugar. A graça encontra pouco espaço livre nele. A obediência ao grande animal em conformidade com o bem é a virtude social.

Um fariseu é um homem virtuoso pela obediência ao grande animal.

A caridade pode e deve amar, em todos os países, tudo aquilo que é condição para o desenvolvimento espiritual dos indivíduos, ou seja, por um lado, a ordem social, mesmo que seja má, por ser menos má do que a desordem; por outro lado, a linguagem, as cerimônias, os costumes, tudo o que contribui para o belo, toda a poesia que envolve a vida de um país.

Mas uma nação como tal não pode ser objeto de amor sobrenatural. Ela não tem alma. É um grande animal.

E, ainda assim, uma comunidade...

Mas isso não é social; trata-se de um ambiente humano em que não se tem mais consciência do que do ar que se respira. Um contato com a natureza, o passado, a tradição.

O enraizamento é algo diferente do social.

Patriotismo. Não devemos ter outro amor além da caridade. Uma nação não pode ser objeto de caridade. Mas um país pode, ao ser considerado um ambiente portador de tradições eternas. Todos os países podem sê-lo.

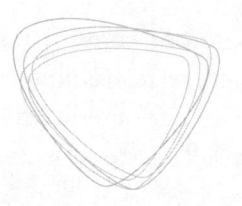

ISRAEL

A cristandade se tornou totalitária, conquistadora, exterminadora, porque não desenvolveu a noção da ausência e da não ação de Deus aqui embaixo. Ela se apegou a Jeová tanto quanto a Cristo; concebeu a Providência à maneira do *Antigo Testamento*: somente Israel poderia resistir a Roma porque se parecia com ela, e o cristianismo nascente suportou, assim, a corrupção romana antes de se tornar a religião oficial do Império. O mal feito por Roma nunca foi realmente reparado.

Deus fez a Moisés e a Josué promessas puramente temporais em uma época em que o Egito estava lutando pela salvação eterna da alma. Os hebreus, tendo recusado a revelação egípcia, conseguiram o Deus que mereciam: um Deus carnal e coletivo que não falava com a alma de ninguém, mesmo no exílio (salvo, talvez, nos "Salmos"?)...

Entre os personagens das histórias *do Antigo Testamento*, apenas Abel, Enoque, Noé, Melquisedeque, Jó e Daniel são puros. Não é de se estranhar que um povo de escravos fugitivos, conquistadores de uma terra paradisíaca estabelecida por civilizações de cujos esforços eles não fizeram parte, destruída por eles por meio de massacres — que tal povo não pudesse fazer nada de bom. Falar de um "Deus educador" quando se fala desse povo é uma piada atroz.

Não admira que haja tanto mal em uma civilização — a nossa — viciada na própria base, e mesmo na sua inspiração, por essa mentira hedionda. A maldição de Israel paira sobre o cristianismo. As atrocidades, a inquisição, os extermínios de hereges e infiéis, tudo foi Israel. O capitalismo era Israel, especialmente entre seus piores inimigos.

Não pode haver contato pessoal entre o homem e Deus, exceto por meio da pessoa do Mediador. Fora do Mediador, a presença de Deus no homem só pode ser coletiva, nacional. Israel simultaneamente escolheu o Deus nacional e recusou o Mediador; de vez em quando, pode ter se voltado ao verdadeiro monoteísmo, mas sempre retrocedeu, e não poderia deixar de retroceder, ao Deus Tribal.

O homem que tem contato com o sobrenatural é rei por essência, porque é a presença na sociedade, de uma forma infinitamente pequena, de uma ordem que transcende o social.

Mas o lugar que ele ocupa na hierarquia social é completamente irrelevante.

Quanto àquele que é grande na ordem social, só se torna suscetível a ele quem capturou grande parte da energia do grande animal. Mas ele não pode participar do sobrenatural.

Moisés, Josué, eis a parte sobrenatural daqueles que capturaram muita energia social.

Israel é uma tentativa de uma vida social sobrenatural. Ele conseguiu, pode-se supor, a melhor do gênero. É inútil recomeçar. O resultado mostra de que revelação divina o grande animal é capaz.

O primeiro livro de Isaías traz luz pura.

Israel resistiu a Roma porque seu Deus, embora imaterial, era um soberano temporal ao nível do imperador, e é graças a isso que o cristianismo pôde nascer. A religião de Israel não era elevada o suficiente para ser frágil e, graças a essa solidez, ela pôde proteger o crescimento daquilo que é mais elevado[81].

Foi preciso que Israel ignorasse a ideia da encarnação para que a Paixão fosse possível. Roma também (esses foram talvez os únicos dois povos a ignorá-la). Mas Israel tinha que ter alguma parte em Deus. Toda parte possível, sem espiritualidade nem sobrenatural. Religião exclusivamente coletiva. É por essa ignorância, por essa escuridão, que se tratava do povo eleito. Assim podemos entender as palavras de Isaías: "Endureci o coração deles para que não ouvissem minha palavra".

É por isso que tudo está manchado de pecado em Israel, porque não há nada puro sem participação na divindade encarnada, e porque a falta dessa participação se manifestou.

A grande impureza não é a luta de Jacó com o anjo: "O Eterno... trará justiça a Jacó, segundo suas obras. Desde o seio materno, ele suplantou o irmão e, na sua virilidade, triunfou sobre um Deus. Ele lutou contra um anjo e foi vitorioso, e o anjo chorou e lhe pediu misericórdia...".

Não seria uma grande desgraça, quando se luta contra Deus, não ser derrotado?

Israel. Tudo é profanado e atroz, como se por desígnio, desde Abraão (à exceção de alguns profetas). Como para indicar claramente: Atenção! Eis aí o mal!

Povo eleito para a cegueira, eleito para ser o carrasco de Cristo.

Os judeus, esse punhado de desenraizados, causaram o desenraizamento de todo o globo terrestre. A participação deles no cristianismo fez do cristianismo algo desenraizado do próprio passado. A tentativa renascentista de enraizá-lo novamente falhou porque tinha uma orientação anticristã. A tendência do Iluminismo, 1789, o Secularismo etc. aumentou ainda mais infinitamente o

---

[81] Reconhecer, como faz aqui Simone Weil, por um lado, que houve, na história de Israel, lampejos de puro misticismo (Isaías etc.) e, por outro lado, que o cristianismo nascente foi protegido por sua "concha judia" já é legitimar a missão divina de Israel. (Nota do editor do original.)

desenraizamento por meio da mentira do progresso. E a Europa desenraizada arrancou as raízes do resto do mundo com a conquista colonial. O capitalismo e o totalitarismo fazem parte dessa progressão de desenraizamento; os antissemitas, naturalmente, propagam a influência judaica. Mas antes que eles arrancassem as raízes com veneno, a Assíria, no Oriente, e Roma, no Ocidente, haviam-nas arrancado com a espada.

O cristianismo primitivo fabricou o veneno da noção de progresso com a ideia da pedagogia divina, formando homens para torná-los capazes de receber a mensagem do Cristo. Isso estava de acordo com a esperança da conversão universal das nações e do fim do mundo como fenômenos iminentes. Mas, como nenhum dos dois ocorreu, ao fim de dezessete séculos, essa noção de progresso foi estendida para além do momento da Revelação cristã. A partir de então, teve que se voltar contra o cristianismo.

Os outros venenos misturados à verdade do cristianismo são de origem judaica. Este veneno específico é cristão.

A metáfora da pedagogia divina dissolve o destino individual, o único que conta para a salvação, no destino dos povos.

O cristianismo quis buscar uma harmonia na história. É o germe de Hegel e Marx. A noção de história como continuidade dirigida é cristã.

Parece-me que existem poucas ideias mais completamente erradas. Buscar a harmonia no futuro, naquilo que é o oposto da eternidade. Má união de contrários.

O humanismo e tudo o que o seguiu não são um retorno à antiguidade, e sim um desenvolvimento de venenos dentro do cristianismo.

É o amor sobrenatural que é livre. Ao querer forçá-lo, acabamos o substituindo por um amor natural. Mas, inversamente, a liberdade sem amor sobrenatural, a de 1789, é completamente vazia, uma mera abstração, sem nenhuma possibilidade de algum dia ser real.

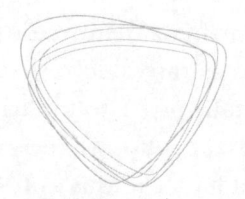

A HARMONIA SOCIAL

Em relação a uma ordem qualquer, uma ordem superior — portanto infinitamente elevada — só pode ser representada na primeira como algo infinitamente pequeno. O grão de mostarda, o instante, a imagem da eternidade etc.

Ponto de contato entre o círculo e a linha (tangente). É essa a presença da ordem superior na ordem inferior, sob a forma de algo infinitamente pequeno.

Cristo é o ponto de tangência entre a humanidade e Deus.

A discrição, a natureza infinitesimal do bem puro...

O equilíbrio é a submissão de uma ordem a outra, uma ordem transcendente à primeira e presente na primeira na forma de algo infinitamente pequeno.

Assim, a verdadeira realeza seria a comunidade perfeita.

Todos, na sociedade, são o infinitamente pequeno que representa a ordem transcendente ao social e infinitamente maior.

O amor do cidadão pela comunidade, do vassalo pelo senhor, deveria ser um amor sobrenatural.

Só o equilíbrio destrói, anula a força. A ordem social só pode ser um equilíbrio de forças.

Como não podemos esperar que um homem sem graça seja justo, deve haver uma sociedade organizada de modo que as injustiças penalizem umas às outras em uma oscilação eterna.

O equilíbrio por si só aniquila a força.

Se sabemos onde a sociedade está desequilibrada, devemos fazer o possível para adicionar peso ao platô leve demais. Embora o peso seja o mal, ao manejá-lo com essa intenção, talvez não nos contaminemos. Mas é preciso ter concebido o equilíbrio e estar sempre pronto para mudar de lado, como a justiça, "essa fugitiva do lado vencedor".

Significado da famosa passagem de Górgias sobre a geometria[82]. Nenhum desenvolvimento ilimitado é possível na natureza das coisas; o mundo repousa inteiramente na medida e no equilíbrio, e o mesmo se dá na comunidade. Toda ambição é excesso, absurdo.

O que o ambicioso esquece completamente é a noção de relação.

Povo estúpido a quem meu poder me acorrenta,
Ai de mim! Até meu orgulho precisa de seus braços.

O vínculo feudal, ao tornar a obediência uma coisa de homem a homem, diminui consideravelmente a participação do grande animal.

Melhor ainda, a lei.

Deveríamos obedecer apenas à lei ou a um homem. Esse é quase o caso das ordens monásticas. A comunidade deveria ser construída com base nesse modelo.

Obedeçamos ao senhor, a um homem, mas nu, adornado apenas com a majestade da honra, e não com uma majestade emprestada do grande animal.

---

82 "Você negligencia a geometria." Górgias (§508a), de Platão. (Nota do editor do original.)

Uma sociedade bem-feita seria aquela em que o Estado teria apenas uma ação negativa, como algo da ordem do timão: uma leve pressão no momento certo para compensar um início de desequilíbrio.

O significado da *Política*, de Platão, é que o poder deve ser exercido por um meio social composto de vencedores e perdedores. Mas isso é contra a natureza, exceto quando os vencedores são bárbaros. A esse respeito, a vitória dos bárbaros sobre os civilizados, quando não é destrutiva, é mais frutífera do que a dos civilizados sobre os bárbaros.

A tecnologia, que coloca do mesmo lado a força e a civilização, impossibilita essas regenerações. Ela é maldita.

Além desses momentos de mistura, a partilha da força entre fortes e fracos só é possível com a intervenção de um fator sobrenatural.

O sobrenatural na sociedade é a legitimidade em sua dupla forma: a lei e a atribuição do mais elevado poder. Uma monarquia temperada por leis talvez pudesse efetuar a combinação da política. Mas não pode haver legitimidade sem religião.

A obediência a um homem cuja autoridade não é iluminada pela legitimidade é um pesadelo.

A única coisa que pode tornar a legitimidade pura, uma ideia absolutamente desprovida de força, algo soberano, é o pensamento: sempre foi, sempre será.

É por isso que uma reforma sempre deve aparecer, seja como um retorno a um passado que se deixou deteriorar, seja como uma adaptação de uma instituição a novas condições, uma adaptação que tenha por objetivo não uma mudança, e sim, ao contrário, a manutenção de uma razão invariável, como se tivéssemos a razão 12/4, onde o 4 se torna 5; o verdadeiro conservador não é aquele que quer 12/5, e sim aquele que torna 15 o que era 12.

A existência de uma autoridade legítima põe finalidade nas obras e nos atos da vida social, outra finalidade que não a sede de crescimento (única razão reconhecida pelo liberalismo).

A legitimidade é a continuidade ao longo do tempo, a permanência, uma invariável. Ela dá como finalidade à vida social algo que existe e que é concebido como sempre tendo existido e sempre devendo existir. Ela obriga os homens a desejar exatamente o que existe.

A ruptura da legitimidade, o desenraizamento — quando não é conquistado, quando ocorre em um país por abuso da autoridade legítima — suscita inevitavelmente a ideia obsessiva de progresso, porque a finalidade então se volta para o futuro.

O materialismo ateu é necessariamente revolucionário, pois para nos orientar na direção de um bem absoluto aqui na Terra, ele deve ser colocado no futuro. Precisamos então, para que esse ímpeto seja completo, de um mediador entre a perfeição futura e a presente. Esse mediador é o líder: Lênin etc. Ele é infalível e perfeitamente puro. Ao passar por ele, o mal se torna bem.

É preciso ser assim, ou amar a Deus, ou se deixar abalar pelos pequenos males e pelas pequenas bênçãos da vida cotidiana.

A ligação entre o progresso e o baixo nível (porque o que uma geração pode buscar a partir do momento em que a anterior parou é necessariamente externo) é um exemplo da relação entre a força e a baixeza.

O grande erro dos marxistas e de todo o século 19 foi acreditar que, ao caminhar sempre em frente, poderíamos ascender aos céus.

O pensamento ateu por excelência é a ideia de progresso, que é a negação da prova ontológica experimental, pois ele implica que o medíocre pode, por si só, produzir o melhor. Mas toda a ciência moderna contribui para a destruição da ideia do progresso. Darwin destruiu a ilusão do progresso interno que havia em Lamarck. A teoria das mutações faz com que apenas o acaso e a eliminação subsistam. A energética postula que a energia se degrada e nunca mais se eleva, e isso se aplica até mesmo às vidas vegetal e animal.

A psicologia e a sociologia só serão científicas por meio de um uso análogo da noção de energia, uso incompatível com qualquer ideia de progresso, e então ambas brilharão com a luz da verdadeira fé.

Só o eterno é invulnerável ao tempo. Para que uma obra de arte possa ser sempre admirada, para que um amor, uma amizade, possa durar uma vida inteira (talvez até mesmo um dia inteiro, enquanto puros), para que uma concepção da condição humana possa permanecer a mesma por intermédio das múltiplas experiências e vicissitudes da sorte — é preciso uma inspiração que desça do outro lado do céu.

Um futuro completamente impossível, como o ideal dos anarquistas espanhóis, degrada muito menos, difere muito menos do eterno do que um futuro possível. Nem mesmo chega a se degradar, senão pela ilusão da possibilidade. Se for concebido como impossível, ele nos transportará para o eterno.

O possível é o lugar da imaginação e, consequentemente, da degradação. Precisamos querer exatamente o que existe, ou o que não pode existir, ou, melhor ainda, ambos. O que existe e o que não pode existir estão, ambos, fora do futuro. O passado, quando a imaginação não é maculada — no instante em que algum encontro a faz surgir com toda a sua pureza — é o tempo com tons de eternidade. Nesse instante, a sensação de realidade é pura. Eis a alegria pura. Eis o belo. Proust.

Estamos apegados ao presente. O futuro, nós o fabricamos em nossa imaginação. Só o passado — quando não o remodelamos — é a realidade pura.

O tempo, pelo seu curso, desgasta e destrói o que é temporal. Portanto, há mais eternidade no passado do que no presente. Valor da história bem compreendido, análogo ao da memória em Proust. Assim, o passado nos apresenta algo que é real e melhor do que nós, e que pode nos elevar, o que o futuro nunca faz.

Passado: real, mas absolutamente fora de nosso alcance, na direção do qual não podemos dar um passo, para o qual podemos apenas nos orientar para que uma emanação dele chegue até nós. Dessa maneira, é a imagem por excelência da realidade eterna, sobrenatural.

É por isso que há alegria e beleza em uma lembrança tal e qual?

De onde virá o renascimento, para nós que contaminamos e esvaziamos todo o globo terrestre?

Apenas do passado, se o amamos.

Os contrários. Hoje, temos sede e aversão pelo totalitarismo, e quase todo mundo ama um totalitarismo e odeia outro.

Há sempre identidade entre o que amamos e o que odiamos? Sempre sentimos a necessidade de amar o que odiamos de um modo diferente, e vice-versa?

A ilusão constante da Revolução consiste em acreditar que as vítimas da força — sendo inocentes da violência que está ocorrendo — vão lidar com ela de forma justa, caso a coloquemos em suas mãos. Mas, à exceção das almas que estão muito próximas da santidade, as vítimas são contaminadas pela força tanto quanto os carrascos. O mal que está na empunhadura da espada é transmitido à sua ponta. E as vítimas, assim imobilizadas e embriagadas pela mudança, causam tanto ou mais danos, e logo recaem no mesmo mal.

O socialismo consiste em colocar o bem na mão dos vencidos, e o racismo na mão dos vencedores. Mas a ala revolucionária do socialismo se serve daqueles que, embora nascidos no nível inferior, são vencedores por natureza e vocação, chegando assim à mesma ética.

O totalitarismo moderno corresponde ao totalitarismo católico do século 12 como o espírito secular e maçom corresponde ao humanismo renascentista. A humanidade se degrada a cada oscilação. Até onde isso irá?

Após o colapso de nossa civilização, de duas coisas uma: ou ela perecerá inteiramente como as civilizações antigas, ou se adaptará a um mundo descentralizado.

Não cabe a nós destruir a centralização (porque ela automaticamente vira uma bola de neve rumo à catástrofe), e sim nos preparar para o futuro.

Nossa época destruiu a hierarquia interna. Como ela permitiria que a hierarquia social subsistisse, já que se trata apenas de uma imagem grosseira de si mesma?

Não poderíamos ter nascido em um momento melhor do que este, quando tudo está perdido.

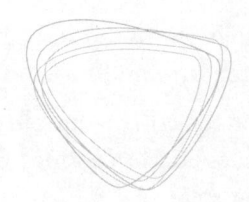

A MÍSTICA DO TRABALHO

O segredo da condição humana é que não há equilíbrio entre o homem e as forças circundantes da natureza que o superam infinitamente na inação; só há equilíbrio na Ação pela qual o homem recria a própria vida no trabalho.

A grandeza do homem reside em sempre recriar sua vida. Ele recria o que lhe é dado. Forja aquilo que sofre. Com o trabalho, ele produz a própria existência natural. Com a ciência, ele recria o universo por meio de símbolos. Com a arte, ele recria a aliança entre seu corpo e sua alma (conforme o discurso de Eupalinos[83]). Observemos que cada uma dessas três coisas é algo pobre, vazio e vão, considerado apenas em si mesmo e fora da relação com os outros dois. União dos três: cultura da classe trabalhadora (você sempre pode esperar)...

---
83 Arquiteto e engenheiro grego do século 6 a.C. (N. do T.)

O próprio Platão é apenas um precursor. Os gregos conheciam a arte, o esporte, mas não o trabalho. O mestre é escravo do escravo no sentido de que o escravo fabrica o mestre.

Duas tarefas:

Individualizar a máquina;

Individualizar a ciência (vulgarização, uma universidade popular nos moldes socráticos acerca dos fundamentos das profissões).

Trabalho manual. Por que nunca houve um místico trabalhador ou camponês que tenha escrito sobre o uso da aversão ao trabalho? Esse desgosto que tantas vezes está presente, sempre ameaçador; a alma foge e tenta se esconder de si mesma pela reação vegetativa. Há um perigo mortal em admiti-lo em si. Tal é a fonte da mentira própria dos círculos populares (existe uma mentira única em cada nível).

Esse desgosto é o fardo do tempo. Admiti-lo em nós mesmos sem ceder a seus efeitos nos eleva.

O desgosto, sob todas as suas formas, é uma das misérias mais preciosas dada ao homem, como uma escada para subir. Eu possuo uma parcela muito grande desse dom.

Transformemos todo desgosto em autoaversão...

A monotonia é aquilo que há de mais belo ou mais terrível. De mais belo se for um reflexo da eternidade. De mais terrível se for o índice de uma perpetuidade sem mudança. Tempo excedido ou tempo esterilizado.

O círculo é o símbolo da bela monotonia, a oscilação pendular da monotonia atroz.

Espiritualidade do trabalho. O trabalho nos faz experimentar de maneira exaustiva o fenômeno da finalidade, enviado de volta em nossa direção como uma bala; trabalhar para comer, comer para trabalhar... Se olharmos para um dos dois como um fim, ou um e outro tomados separadamente, um deles se perde. O ciclo contém a verdade.

Um esquilo girando na gaiola e a rotação da esfera celeste. Miséria extrema e grandeza extrema.

É quando o homem se vê como um esquilo girando em uma gaiola circular que, se não mentir para si mesmo, encontra-se mais próximo da salvação.

A grande dor do trabalho manual é que a pessoa é forçada a trabalhar por longas horas simplesmente para existir.

O escravo é aquele a quem nenhum bem é oferecido como meta de suas fadigas, além da mera existência.

Ele deve então se apartar, ou cair no nível vegetativo.

Nenhum propósito terreno separa os trabalhadores de Deus. Eles estão sozinhos nessa situação. Todas as outras condições implicam fins particulares que formam uma tela entre o homem e o bem puro. Para eles, essa tela não existe. Eles não têm algo a mais de que possam se livrar.

Fazer um esforço por necessidade e não por um bem — um esforço para fora, não para dentro — para manter a própria existência exatamente como é — isso sempre será servidão.

Nesse sentido, a servidão dos trabalhadores braçais é irredutível.

Esforço sem finalidade.

É terrível — ou mais bonito do que tudo — se for uma finalidade sem fim. Só o belo permite que a pessoa fique satisfeita com o que é.

Os trabalhadores precisam mais de poesia do que de pão. Necessitemos que nossa vida seja poesia. Necessidade de uma luz da eternidade.

Somente a religião pode ser a fonte dessa poesia.

Não é a religião, e sim a revolução que é o ópio do povo.

A privação dessa poesia explica todas as formas de desmoralização.

A escravidão é o trabalho sem a luz da eternidade, sem poesia, sem religião.

Que a luz eterna dê, não uma razão para viver e trabalhar, e sim uma plenitude que dispense buscar tal razão.

Caso contrário, os únicos incentivos são a coerção e o ganho. A coerção, que implica na opressão do povo. O ganho, que implica na corrupção do povo.

Trabalho manual. O tempo que entra no corpo. Pelo trabalho, o homem se torna matéria, assim como o Cristo pela Eucaristia. O trabalho é como uma morte.

Temos que passar pela morte. Precisamos ser mortos, sofrer a gravidade do mundo. O universo pesando nos rins de um ser humano, o que há de surpreendente na dor?

O trabalho é como uma morte se não houver estímulo. Ajamos renunciando aos frutos da ação.

Trabalhar — se estamos esgotados, tornamo-nos subjugados ao tempo como a matéria. O pensamento é forçado a passar de um instante ao instante seguinte sem se apegar ao passado ou ao futuro. Isso é obedecer.

Alegrias paralelas ao cansaço. Alegrias sensíveis. Comer, descansar, os prazeres dominicais... Mas não o dinheiro.

Nenhuma poesia sobre o povo é autêntica se não contém a fadiga, e a fome e a sede advindas da fadiga.

Impressão e Acabamento
Gráfica Oceano